dtv

portrait

Herausgegeben von Martin Sulzer-Reichel

Edwin Dillmann, Dr. phil., geboren 1958, studierte an den Universitäten Saarbrücken, Trier und Wien Geschichte und Germanistik, promovierte 1992 mit einer Arbeit über ›Schule und Volkskultur‹ im 18. und 19. Jahrhundert. Er arbeitet an der Universität des Saarlandes (Arbeitsstelle für historische Kulturforschung) und als freier Historiker und veröffentlichte Werke zur Schul- und Sozialisationsgeschichte, Regionalgeschichte und Historischen Anthropologie. Derzeit arbeitet er an einem Projekt zu Lebensläufen im 18. und 19. Jahrhundert.

Maria Theresia

von Edwin Dillmann

Deutscher Taschenbuch Verlag

Weitere in der Reihe **dtv portrait** erschienene Titel
am Ende des Bandes

Originalausgabe
Februar 2000
2. Auflage Oktober 2006
Dieses Buch folgt den Regeln der neuen deutschen Rechtschreibung.
© Deutscher Taschenbuch Verlag GmbH & Co. KG, München
Umschlagkonzept: Balk & Brumshagen
Umschlagbild: Maria Theresia. Gemälde von
Martin van Meytens (AKG, Berlin)
Layout und Satz: APE, Fabian Sulzer, Witten
Druck und Bindung: APPL, Wemding
Gedruckt auf säurefreiem, chlorfrei gebleichtem Papier
Printed in Germany
ISBN-13: 978 - 3 - 423 - 31028 - 4
ISBN-10: 3 - 423 - 31028 - 6

Inhalt

1 Maria Theresia, römischdeutsche Kaiserin, Königin von Ungarn und Böhmen. Gemälde eines unbekannten Künstlers

Der Titel Maria Theresias nach dem Tod Franz Stephans von Lothringen

Wir Maria Theresia, von Gottes Gnaden Römische Kaiserin Wittib, Königin zu Hungarn, Böheim, Dalmatien, Croatien, Slavonien, Gallizien, Lodomerien, etc. etc., Erzherzogin zu Oesterreich, Herzogin zu Burgund, zu Steyer, zu Kärnten, und zu Crain, Großfürstin zu Siebenbürgen, Marggräfin zu Mähren, Herzogin zu Braband, zu

Aus erlauchtem Hause.
Kindheit und Vermählung

Keine Biografie Maria Theresias versäumt darauf hinzuweisen, dass die Dreiundzwanzigjährige, als sie 1740 die
Regentschaft über ein riesiges Reich von ihrem plötzlich verstorbenen Vater übernahm, auf diese Aufgabe kaum vorberei-
tet war. Diese Feststellung kann sich auf ein Selbstzeugnis
stützen. Eine berühmte Denkschrift von 1750/1751, die zusammen mit einer Schrift von 1755/1756 als »politisches Testament« der Kaiserin bezeichnet wird, beginnt mit der Klage:
»Da sich der unvermutete betrübliche Todesfall meines Vat-
ters höchstseligster Gedächtnüs ereignet und vor mich umb
so viel mehr schmerzlich ware, weilen nicht allein selben ver-
ehret und geliebet als einen Vattern, sondern als wie die min-
deste Vasallin als meinen Herrn angesehen und also doppel-
ten Verlust und Schmerzen empfunden und damahlen die zu
Beherrschung so weit schichtiger und verteilter Länder erforderliche Erfahr- und Kenntnüs umb so weniger besitzen können, als meinem Herrn Vattern niemals gefällig ware, mich
zur Erledigung weder der auswärtigen noch inneren Geschäf-
ten beizuziehen noch zu informieren: so sahe mich auf einmal
zusammen von Geld, Truppen und Rat entblößet.«
   Der schlimmstmögliche Fall war eingetreten: Kaiser Karl VI.
war ohne männlichen Erben gestorben, und trotz seiner an-
gestrengten Bemühungen, die weibliche Thronfolge abzusi-
chern, brach eine mächtige Allianz von Feinden über das altehrwürdige Reich der jungen Herrscherin herein, um die
Gunst der Stunde zur Zerstückelung und Übernahme des Er-

Limburg, zu Luxemburg, und zu Geldern, zu Würtemberg, zu Ober- und
Nieder-Schlesien, zu Mailand, zu Mantua, zu Parma, zu Piacenza, zu Gu-
astala, zu Auschwiz, und Zator, Fürstin zu Schwaben, gefürstete Gräfin
zu Habspurg, zu Flandern, zu Tirol, zu Hennegau, zu Kyburg, zu Görz,
und zu Gradisca, Marggräfin des Heiligen Römischen Reichs, zu Burgau,
zu Ober- und Nieder-Laußniz, Gräfin zu Namur, Frau auf der Windischen
Mark, und zu Mecheln, verwittibte Herzogin zu Lothringen, und Baar,
Großherzogin zu Toscana.

bes zu nutzen. Aber die Erbtochter des erlauchten Hauses Habsburg – die wie kaum ein anderes seiner Mitglieder Gegenstand der Verehrung werden sollte – nahm die Zügel beherzt in die Hand und schaffte es zum Erstaunen aller Welt, sich in einem achtjährigen Krieg zu behaupten.

Wir mögen an diese Gestalt der Weltgeschichte zusätzliche oder andere Fragen richten als frühere Generationen, die ihre Aufmerksamkeit etwa dem österreichisch-preußischen Dualismus oder dem folgenschweren Verhältnis von österreichischen Kernlanden und Ungarn bzw. Böhmen oder auch dem »mütterlichen« Wesen der theresianischen Herrschaft zuwendeten. Besonderes Interesse weckt heute das Erscheinen einer machtbewussten weiblichen Akteurin auf einer männerdominierten Bühne – die freilich ihren Töchtern strikte Unterordnung unter ihre Ehegatten abverlangte. Interesse erwecken

die sozialen Umstände und Wirkungen ihrer Herrschaft, aber auch die Frage nach dem Persönlichen und Privaten in jener fremdartigen und zugleich faszinierenden Sphäre des regierenden Hochadels der Frühen Neuzeit (sofern man hier überhaupt von »Privatem« und »Persönlichem« sprechen kann).

Wir begegnen im Leben der Maria Theresia einer kulturgeschichtlichen Epochenwende: dem Übergang von der barocken Welt oder, wenn man genauer sein will, der

2 Karl VI. in spanischer Hoftracht. Gemälde von Johann Gottfried Auerbach. Der 1685 geborene Sohn († 1740) Leopolds I. und Eleonores von Pfalz-Neuburg folgte 1711 seinem Bruder Joseph I. in den Erblanden und als Kaiser auf dem Thron. Sein Wunsch, auch die spanische Habsburgerlinie zu beerben, erfüllte

sich nicht. Dennoch führte er – wie sich in den großartigen Bauten des Reichsstils manifestiert – die universale Kaiseridee noch einmal zu einem Höhepunkt.

Welt des Rokoko zur Welt der Aufklärung und beginnenden Moderne. Auch diese Problematik dürfte von neuem oder erneuertem Interesse sein – hat sie doch schon einen Hugo von Hofmannsthal bewegt, der die kulturelle Atmosphäre der theresianischen Welt in seinem ›Rosenkavalier‹ zu spiegeln versuchte. Neugier und Erstaunen erregt die ungeheure Vitalität und Schaffenskraft einer Frau, die als absolutistische Herrscherin alle Zweige des staatlichen Getriebes in ihrer Hand hielt, die mit höchstpersönlichen Direktiven in militärische Operationen eingriff, ein großes Reformwerk in Angriff nahm, unzähligen religiösen und höfischen Verpflichtungen nachkam – und gleichzeitig ihre traditionelle Frauenrolle ausfüllte und 16 Kinder gebar. Sie war Herrscherin, Gattin, Mutter – alles Bestimmungen, die nach den Kategorien der bürgerlichen Welt nicht angemessen erfasst werden können.

Am Morgen des 13. Mai 1717 wurde dem Kaiserpaar Karl VI. und Elisabeth Christine nach dem Verlust ihres ersten neugeborenen Kindes, eines Sohnes, im vorausgegangenen Jahr, eine Tochter geboren und auf den Namen Maria Theresia Walburga Amalia Christine getauft. Die Glocken des Stephansdoms verkündeten der Stadt Wien, was im Leopoldinischen Trakt der Hofburg vor sich gegangen war. Auf einen Sohn wartete Karl VI. fortan vergebens. Nach Maria Theresia

3 Kaiserin Elisabeth Christine aus dem Hause Braunschweig-Wolfenbüttel. Gemälde von Johann Gottfried Auerbach. Die älteste Tochter (1691–1750) des Erbprinzen Ludwig Rudolf von Braunschweig und der Prinzessin Christine Louise von Oettingen heiratete – nachdem sie zum katholischen Glauben konvertiert war – im Jahr 1708 den österreichischen Erzherzog Karl, nachmaligen Kaiser Karl VI., dem sie vier Kinder gebar, von denen jedoch nur zwei Töchter das Erwachsenenalter erreichten.

4 Maria Karolina Gräfin Fuchs, die »Aja« Maria Theresias. Gemälde eines unbekannten Künstlers

wurden ihm nur noch Töchter geboren: 1718 Maria Anna, 1724 Maria Amalia, die bereits – die damalige Kindersterblichkeit verschonte auch ein Kaiserhaus nicht – 1730 verstarb. Hätte es sich um einen Prinzen gehandelt, so wären drei Tage »große Gala« bei Hofe angesagt gewesen; bei einer Prinzessin begnügte man sich mit einem Tag »großer Gala« und zwei Tagen »kleiner Gala«.

Das Taufzeremoniell versinnbildlichte über seine sakramentale Funktion hinaus die besondere göttliche Auserwähltheit des Hauses Habsburg und die religiöse Fundierung seiner Herrschaft. Das goldene Taufbecken enthielt Wasser vom Fluss Jordan, in dem einst Jesus Christus getauft worden war. Daneben lagen Reliquien, unter anderem ein Dorn der Leidenskrone, ein Nagel vom Kreuz und ein Glasgefäß mit Tropfen vom Blut des Heilands. Vorbild und Hilfe der Namenspatronin, der hl. Theresa von Avila, wurden beschworen, in der Wallfahrtskirche Maria Zell der Gottesmutter, Schutzpatronin des österreichischen Erzhauses, eine goldene Kinderstatue dargebracht, schließlich eine Gedenkmedaille geprägt. Die Paten waren sorgfältig nach dynastischen und politischen Gesichtspunkten ausgewählt.

Von Kindheit und Erziehung Maria Theresias besitzen wir nur sehr spärliche Zeugnisse. Ihr war eine persönliche Erzieherin, Aja genannt, zugeordnet, ab 1728 die Gräfin Maria Karo-

Als **Taufpaten** Maria Theresias fungierten Wilhelmine, die Witwe Josephs I., und Eleonore, die Witwe Leopolds I., sowie Papst Clemens XI.

lina Fuchs, der sie bis an ihr Lebensende 1754 eine liebevolle Vertrautheit entgegenbrachte. Als eine der ganz wenigen Ausnahmen erhielt die von ihrem Schützling »Fuchsin« oder »Mami« genannte Gräfin ihre Ruhestätte in der Kapuzinergruft, die normalerweise Dynastiemitgliedern vorbehalten blieb.

Die Leitung des Unterrichts war üblicherweise den Jesuiten anvertraut. Sie hatten für die zentrale religiöse Unterweisung Sorge zu tragen. Am ehesten konnte die junge Erzherzogin im Geschichtsunterricht, der vom Hofbibliothekar Spannagel erteilt wurde, Kunde vom Reich ihres Vaters und vom Werdegang ihrer Familie erhalten. Ansonsten beschränkte sich der Unterricht im Wesentlichen auf die verschiedenen Sprachen: In der multi-ethnischen, multi-lingualen Habsburgermonarchie bedeutete der Fremdsprachenerwerb für die erzherzoglichen Sprösslinge mehr noch als sonst eine unabweisbare Notwendigkeit. Französisch war vor allem als die internationale adlig-höfische Verkehrssprache wichtig, die fließend beherrscht werden musste. Latein bildete nicht nur die Basis des gesamten gelehrten Kosmos, die Antike blieb in der Herrschaftslegitimation und -repräsentation gegenwärtig; darüber hinaus war Latein die Amtssprache im Königreich Ungarn. Spanisch und Italienisch verwiesen auf weitere außerdeutsche Bezugspunkte der Habsburger. Im Kreis der Familie sprach man ein wienerisch gefärbtes Deutsch. Maria Theresia wurde »Reserl« gerufen.

5 Die Wiener Hofburg, wo Maria Theresia aufwuchs. Stich, 18. Jahrhundert

Aus erlauchtem Hause. Kindheit und Vermählung (1717–1736)

12

Beträchtlichen Raum in der Erziehung nahm die musische Ausbildung ein: Zeichnen, Pastellmalerei, Singen, Klavierspiel, Tanz. Die junge Maria Theresia trat als Tänzerin, Schauspielerin, Sängerin in Opern, Kantaten und Komödien bei Hofe auf. Das war nichts Unübliches. Die höfische Gesellschaft liebte es nicht nur, sich von der Bühne her unterhalten zu lassen, sie agierte auch gern selbst dort (wenn man nicht gar das gesamte höfische Treiben als eine einzige Bühne der Selbstdarstellung ansehen will). Hofdichter und Hofkapellmeister schneiderten ihrer erlauchten Klientel entsprechende Werke gewissermaßen auf den Leib, die dann in prächtiger Staffage aufgeführt wurden. Musische Fertigkeiten gehörten allgemein zum Habitus eines Adligen, der ihn gesellschafts- und vor allem hoffähig machte. Später erlernte Maria Theresia anlässlich der ungarischen Königskrönung auch noch das Reiten, das zu ihrer Leidenschaft wurde.

Im Alter von sechs Jahren – im Jahr 1723 – begleitete sie ihren Vater zur Königskrönung nach Prag. Dort begegnete sie das erste Mal dem neun Jahre älteren Erbprinzen Franz Stephan von Lothringen, der dem Kaiser vorgestellt wurde, um am Wiener Hof zur Vollendung seiner Erziehung aufgenommen zu werden – mit der von langer Hand eingeleiteten Ambition, einmal die älteste Tochter zu ehelichen. Zwischen den Herzögen von Lothringen und Bar und dem Haus Habsburg bestand eine lange, auch verwandtschaftliche Verbindung. Franz Stephans Vater, Herzog Leopold, war bereits in Österreich aufgewachsen, ebenso wie der Großvater, Herzog Karl V., der als Befreier Wiens bei der Türkenbelagerung 1683 Berühmtheit erlangt hatte. Franz Stephan kam also

6 Maria Theresia als Kind mit Puppe. Gemälde eines unbekannten Künstlers

7   Franz Stephan von Lothringen als Kind. Gemälde eines unbekannten (lothringischen?) Künstlers

am Ende des Jahres 1723 mit 15 Jahren an den Kaiserhof, wo er nicht nur eine standesgemäße Erziehung erfahren, sondern möglichst in die kaiserliche Familie integriert werden sollte. Er blieb dort bis zum Jahr 1729 und gewann das Wohlwollen des Familienoberhauptes. Von kleineren Störungen abgesehen, blieb das Verhältnis ungetrübt – angesichts des an Machtzentren verbreiteten Intrigenwesens keine Selbstverständlichkeit. Der junge Lothringer wurde dem Kaiser besonders als Jagdgefährte lieb.

In dieser Zeit mag sich zwischen den beiden Fürstenkindern eine liebevolle Zuneigung entwickelt haben. Eine Vermählung war eine Möglichkeit – von Maria Theresia bald mit aller Kraft herbeigewünscht –, aber noch keine ausgemachte Sache, kam hier doch unvermeidlich die große Politik ins Spiel. Bei diesem biografischen Angelpunkt stand Adelssprösslingen die Wahl nicht einfach frei, sondern richtete sich nach Gesichtspunkten dynastischer, im Falle des europäischen Hochadels auch nach solchen der internationalen Politik. Das Prinzip der Konvenienzehe galt im Übrigen nicht nur für den Adel, sondern bildete eine allgemeine Erscheinung der alteuropäischen Welt.

Was für eine Welt war es, die sich der Heranwachsenden darbot? Was vermittelte sich ihr von den politischen Umstän-

Die Beziehungen zwischen Lothringen und Österreich
Der Vater Herzog Karls V. von Lothringen war während des Dreißigjährigen Kriegs auf der Flucht vor den Franzosen nach Wien gekommen, wo Karl V. dann auch zur Welt kam. 1678 heiratete er die Schwester Leopolds I. und wurde Statthalter von Tirol und Vorderösterreich. Sein Sohn Leopold wurde 1679 in der Innsbrucker Hofburg geboren und verbrachte eine gewisse Zeit am Wiener Hof, bevor er am Ende des 17. Jahrhunderts nach Lothringen zurückkehren konnte.

den, deren bloßes Objekt sie zunächst war, in die sie aber später – wenn auch ungeplant – als Akteurin eintreten sollte? Sicher wird sie eine gewisse, wohl recht oberflächliche Vorstellung von den verschiedenen Ländern erhalten haben, die der habsburgische Monarch unter sich vereinigte. Ganz gewiss hat sich ihr die altehrwürdige Bedeutsamkeit der eigenen Dynastie, ihr Auserwähltheitsglaube und ihr Sendungsbewusstsein vermittelt. Zwar waren die abenteuerlichsten Herkunftslegenden zu den Akten gelegt: die Abkunft von stadtrömischen Geschlechtern (Colonna, Pierleoni), die einen Zusammenhang mit Julius Caesar oder dem hl. Benedikt herstellten, oder die auf Merowinger, Karolinger und Trojaner zurückführenden Konstruktionen. Allein die Etichonen-Theorie, die eine gemeinsame Wurzel von Habsburgern und Lothringern im alemannischen Herzogsgeschlecht der Etichonen behauptete, bewahrte ihre Geltung, ja sie wurde von Karl VI. besonders forciert, weil sie so trefflich das habsburgisch-lothringische Heiratsprojekt untermalte. Unangefochten bestand jedenfalls das Bewusstsein einer über alle Sterblichen herausgehobenen Bedeutung des Hauses Habsburg oder, wie es der damaligen Sprachgebung eher entspricht: des Hauses Österreich.

Habsburger trugen seit 1273 gelegentlich, ab 1438 ununterbrochen die Krone des Heiligen Römischen Reichs Deutscher Nation (insgesamt zählt die deutsche Geschichte 20 Kaiser oder Könige habsburgischer Herkunft), besaßen also die höchste politische Würde des Abendlandes; sie waren Schutzherren der katholischen Kirche und Verteidiger der Christenheit gegen die Türkengefahr. Eine Heerschar von Panegyrikern breitete propagandistisch die besonderen Tugenden des Herrscherhauses aus: *pietas* (Frömmigkeit), *humanitas* (Menschlichkeit), *politica vera et genuina* (aufrichtige und ehrliche Politik), *liberalitas* (Freigebigkeit) und andere mehr, vor allem aber *cle-*

Panegyriker (»Lobredner«). In den Zeiten einer überwiegenden Gelegenheitsdichtung verfassten Poeten bzw. poetisch tätige Gelehrte Gedichte, die die Qualitäten einer hochgestellten Person oder der Angehörigen eines Herrscherhauses priesen.

8 Das Habsburgerreich im 18. Jahrhundert   ▶

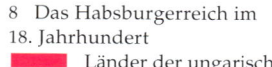

Länder der ungarischen Krone (Transleithanien)

Im Reichsrat vertr. Kgr. und Länder (Zisleithanien)

Österr. Erwerbungen bzw. Verluste

Kondominium beider Reiche

mentia (Milde), Zentraltugend der österreichischen Herrscher, die sie als gute Landesväter auswies. Der Preis dieser Tugend verhalf dem Wiener Hofpoeten Pietro Metastasio 1734 zu einem »Bestseller«, als er dem Auftrag der Kaiserin Elisabeth Christine zu einem Opernlibretto anlässlich des Namenstages ihres Gatten nachkam und ›La Clemenza di Tito‹ schrieb. Der Text diente über 40 Mal als Libretto; neben Christoph Willibald Glucks Vertonung wurde am berühmtesten diejenige von Wolfgang Amadeus Mozart anlässlich der Krönung Leopolds II. in Böhmen 1791.

Es entsprach alter Gewohnheit, dass die Herrscher ihrer Regentschaft bestimmte Wahlsprüche voransetzten. Karl VI. wählte »*Constanter continet orbem*« – »Fest hält er das Weltreich zusammen.« Maria Theresia sollte sich zum Motto nehmen: »*Justitia et clementia*« – »durch Gerechtigkeit und Milde«.

Das Haus Österreich vereinigte eine Vielzahl von Ländern und Völkern unter seiner Herrschaft, die sich keineswegs zu einem einheitlichen Staatsgebilde zusammenschlossen, sondern in erster Linie durch die Monarchie zusammengehalten wurden. Der Kaisertitel bezog sich nicht auf diese Monarchie, sondern auf das Heilige Römische Reich Deutscher Nation; einen »Kaiser von Österreich« sollte es erst ab 1804 geben.

Wie der berühmte Spruch »*Bella gerant alii, tu, felix Austria, nube!*« (»Die anderen mögen Kriege führen, du, glückliches Österreich, heirate!«) zeigt, waren die Territorien und Herrschaften vielfach durch Heiraten dem Haus Österreich zugefallen. Sie erstreckten sich, zum Teil sehr verstreut, fast über ganz Mittel- und Ostmitteleuropa und einen Teil Italiens. Neben dem angestammten, namengebenden Erzherzogtum Österreich (dem Land unter und ob der Enns) zählten die Alpenländer Steiermark, Kärnten, Krain, Tirol und Vorarlberg zu den deutschen Erbländern (Salzburg kam erst 1805 hinzu). Von hohem Rang war das Reich der Stephanskrone, das die Habsburger ebenso wie Böhmen und Mähren seit 1526 regierten: das Königreich Ungarn mit den inkorporierten Königreichen Kroatien und Slawonien sowie dem (Groß-)Fürstentum Siebenbürgen. Das Königreich und Kurfürstentum Böhmen, die Markgrafschaft Mähren und die schlesischen Herzogtümer wiederum bildeten das Reich der Wenzelskrone.

Nicht alle habsburgischen Länder gehörten dem römisch-deutschen Reich an, vor allem Ungarn nicht. Um diesen wenigstens geografisch relativ kompakten Länderkomplex lagerte sich ein Kranz von weiteren habsburgisch regierten Territorien, etwa die exklavenartigen Vorlande (auch Vorderösterreich genannt), als die man mehrere Herrschaften im schwäbisch-oberrheinischen Raum mit Freiburg im Breisgau bezeichnete. Aus dem spanischen Erbe kamen die österreichischen Niederlande, deren Territorium etwa dem heutigen Belgien und Luxemburg entsprach. Ebenfalls von der spanischen, dann auch der polnischen Erbauseinandersetzung rührten italienische Besitzungen her, die zum Teil aber nur vorübergehend gehalten werden konnten: dauernd die Lombardei und die Toskana, kurzfristig die Herzogtümer Parma und Piacenza und die Königreiche Neapel und Sardinien. Triest sowie

Die Universalmonarchie Karls des Großen verstand sich als eine symbolische Wiederbegründung des (west-)römischen Reichs im christlichen Sinn. Aus seiner Aufteilung im 9. Jahrhundert gingen das französische Königreich und das **Heilige Römische Reich** – seit dem 15. Jahrhundert mit dem Zusatz »deutscher Nation« – hervor. Im Verlauf der frühneuzeitlichen Entwicklung verselbstständigten sich die Reichsfürsten immer mehr gegenüber der kaiserlichen Zentralgewalt, doch blieben Reichsinstitutionen wie etwa das Reichskammergericht bestehen. Das Alte Reich endete mit der Niederlegung der Kaiserkrone durch Franz II. im Jahr 1806.

Görz und Gradisca im Küstenland gehörten dagegen seit alters zum Haus Österreich.

Wenn vom spanischen Erbe die Rede war, so ist damit einer der zentralen Vorgänge in der politischen Biografie Karls VI. angesprochen: der Spanische Erbfolgekrieg (1701–1714), der nach dem Tod des letzten, kinderlosen Habsburgers der spanischen Linie entbrannt war. Der nachmalige Kaiser Karl VI. hatte zunächst als – angefochtener – Nachfolger auf der Iberischen Halbinsel residiert, bevor er im Jahr 1711 seinem früh verstorbenen Bruder Joseph I. in Wien nachfolgte. Der spanische Erbfolgekrieg, ein Höhepunkt der traditionellen österreichisch-französischen Rivalität, brachte mit Philipp V., dem Enkel Ludwigs XIV., einen Bourbonen auf den spanischen Thron. Frankreich hatte sich endlich von der habsburgischen Umklammerung befreit. Dem Haus Österreich fielen, wie erwähnt, die südlichen Niederlande zu sowie in Italien Mailand, Mantua, Mirandola, Neapel und Sardinien.

In der Endphase des Spanischen Erbfolgekriegs, am 19. April 1713, verfügte Karl VI. unter Rückgriff auf eine hausinterne Geheimabmachung von 1703 in feierlicher, notarieller Form eine Erbfolgeregelung, die unter der Bezeichnung Pragmatische Sanktion berühmt wurde. Sie bedeutete die erste Weichenstellung für die künftige Regentschaft Maria Theresias. Karl VI. war zu diesem Zeitpunkt noch kinderlos.

Die Pragmatische Sanktion (das römische Recht versteht unter einer pragmatischen Sanktion allgemein ein feierliches Edikt zu außerordentlich wichtigen Fragen) beinhaltete zwei entscheidende Bestimmungen: die Unteilbarkeit der habsburgischen Länder und die Möglichkeit der weiblichen Erbfolge. Karls Bruder Joseph I. war ohne männlichen Erben geblieben. Sollte das Gleiche für Karl zutreffen, würden dessen Töchter bzw. deren Nachkommen, nach dem Erlöschen dieses Frauen-

Spanischer Erbfolgekrieg (1701–1714)

Mit dem Tod des kinderlosen Karl II. (1. November 1700) erlosch die spanische Linie der Habsburger. In seinem Testament hatte er Philipp von Anjou, den Enkel Ludwigs XIV. von Frankreich, als Erben eingesetzt, in der Hoffnung, so die Einheit des Reichs zu gewährleisten. Philipp (V.) wurde in Versailles zum König proklamiert und trat 1701 die Regierung an. Gegen die drohende Verschmelzung von Frankreich und Spanien – Ludwig XIV. bestätigte entgegen den Intentionen Karls II. die Rechte Philipps V. auf den französischen Thron – verbündeten sich die Seemächte (Großbritan-

stammes die Töchter Josephs I. und schließlich alle anderen (vom Vater Leopold I. abstammenden) Habsburgerinnen erbberechtigt sein. Dabei war das Prinzip der Primogenitur, also das Erstgeburtsrecht, die Grundregel.

Es beanspruchte hinfort einen Großteil der politischen Energien Karls VI., die Anerkennung der Pragmatischen Sanktion zu erlangen. Von Seiten der eigenen Länder erwuchsen wenig Probleme, wenn sich auch einige Landtage, auf die Bestätigung ihrer hergebrachten Rechte bedacht, ein wenig zierten. Die Zustimmung des Reichs – erforderlich wegen der zur Monarchie gehörenden Reichslehen – zog sich beträchtlich in die Länge; erst 1732 ließ sich der Regensburger Reichstag dazu herbei. Die Hauptanstrengung aber galt der Garantie durch die anderen deutschen und europäischen Herrscher. Russland, Spanien, Preußen, England-Hannover und die Generalstaaten (Niederlande) konnten von der Wiener Diplomatie gewonnen werden. Der bayerische und der sächsische Kurfürst, die beide Schwiegersöhne des verstorbenen Kaisers Joseph I. und damit unmittelbar Betroffene waren, verweigerten sich. Frankreich stand ebenfalls zunächst abseits.

Wir wissen nicht, wie weit Maria Theresia mit den politischen Verwicklungen vertraut war. Spätestens als sich ihre Vermählung konkretisierte, wurde sie in das Getriebe der großen Politik unmittelbar hineingezogen – noch als passiv Betroffene, die sich glücklich preisen konnte, dass sie schließlich nicht nur den Mann der Staatsräson, sondern auch den ihres Herzens heiraten durfte. Ihren eigenen Töchtern sollte, bis auf eine Ausnahme, später dieses Glück versagt bleiben. Wenngleich die »romantische Liebe« erst gegen Ende des Jahrhunderts allmählich zum Programm der Ehe erhoben wurde, so wussten die Menschen auch dieser Zeit sehr wohl um den Unterschied zwischen einer aufgezwungenen und einer auf Nei-

nien/Niederlande) mit dem Kaiser. Am 17. September 1703 wurde Erzherzog Karl in Wien zum König von Spanien (Karl III.) ausgerufen und fand teilweise Unterstützung in Spanien. Er erzielte in den folgenden kriegerischen Auseinandersetzungen zunächst Gebietsgewinne und wurde am 25. Juni 1706 in Madrid zum König proklamiert. Ab 1710 (Schlacht bei Villaviciosa) gewann Philipp V. die Oberhand. In den Friedensschlüssen von Utrecht und Rastatt (1713/1714) wurde die spanische Monarchie aufgeteilt: Philipp V. erhielt Kastilien, Aragon und die amerikanischen Besitzungen; Österreich wurde mit den zentraleuropäischen Besitzungen,

gung gründenden Verbindung. »Trotz ihrer starken Seele hegt sie eine zärtliche Liebe zu dem Herzog von Lothringen. Des nachts sieht sie ihn im Traum, und am Tage unterhält sie ihre Hofdamen nur von ihm, so daß es nicht wahrscheinlich ist, daß sie den Mann jemals vergessen wird, den sie für sich geboren glaubt. Und nie wird sie denjenigen vergeben, die sie in die Gefahr brachten, ihn zu verlieren«, wusste der britische Gesandte Robinson am 5. Juli 1735 zu berichten.

Es gab Grund zu bangen. Die Verbindung mit Franz Stephan stand erst am Ende mehrerer verwickelter Konstellationen. An und für sich bedeutete das unter französischer Kuratel stehende Lothringen für eine eventuelle habsburgische Erbtochter keine besonders vorteilhafte Partie. Neben Franz Stephan wurden weitere Ehekandidaten gehandelt. (Übrigens hatte der alte Herzog von Lothringen zuerst den älteren Bruder Franz Stephans, Clemens, für das lothringisch-habsburgische Heiratsprojekt vorgesehen. Dieser verstarb aber bereits 1723.) 1726 wurde im Zuge der österreichisch-spanischen Wiederannäherung eine Doppelhochzeit von Söhnen Philipps V. und Töchtern des Kaisers erwogen. Der große alte Mann der österreichischen Weltpolitik, Prinz Eugen, brachte den bayerischen Kurprinzen als Bräutigam ins Spiel, ja, sogar der preußische Thronfolger, der spätere Friedrich II., geisterte kurzzeitig durch die Heiratsspekulationen.

Wie immer verfolgten die anderen Mächte argwöhnisch, welche Kombination sich anbahnte, entschlossen, für das im internationalen Kräftespiel zur Maxime erhobene Gleichgewichtsprinzip (*balance of power*) Druck auszu-
üben. Lothringen als österreichischer Brü-

den spanischen Niederlanden, Mailand, Neapel und Sardinien abgefunden. Sizilien kam mit der Königswürde an Savoyen. Spanien trat Gibraltar und Mallorca an England ab und überließ ihm auf 30 Jahre den Asiento, das Alleinrecht für den Sklavenhandel.

9 Jugendbildnis Maria Theresias. Gemälde von Andreas Möller, um 1727

ckenkopf oder eine Verbindung Wiens mit Madrid? Eins wie das andere für Frankreich ein Menetekel. Eine bayerisch-österreichische oder preußisch-österreichische Machtballung? Inakzeptabel nicht nur für die am Machtgleichgewicht interessierten europäischen Mächte, sondern auch ein Schreckgespenst für die Angehörigen des römisch-deutschen Reichs, die Reichsstände. England bedingte sich vorsorglich bei seiner Anerkennung der Pragmatischen Sanktion (März 1731) das Versprechen des Kaisers aus, die Hand seiner Erbtochter nur einem Fürsten minderer Macht zu gewähren.

In der Zwischenzeit war der alte Herzog von Lothringen unerwartet gestorben (27. März 1729). Franz Stephan verließ im November 1729 Wien, um die Regierungsgeschäfte in seinem Heimatland zu übernehmen, wo er sich mit arg aus den Fugen geratenen Staatsfinanzen konfrontiert sah. Bereits im April 1731 reiste er jedoch wieder aus Lothringen ab – um niemals zurückzukehren. Wien wollte den präsumtiven Schwiegersohn des Kaisers aus der Schusslinie nehmen, bestand doch wie so oft in der Vergangenheit die Gefahr, dass Frankreich sich des Herzogtums im Handstreich bemächtigen könnte. Zuerst begab er sich auf eine Reise nach den Niederlanden, London, Braunschweig und Berlin, die als adlige Kavalierstour erscheinen mochte, dann berief der Kaiser ihn zum Statthalter von Ungarn.

Da war es wiederum ein Thronfolgeproblem, das alles zur Entscheidung drängte. Kriege waren in diesem dynastischen Zeitalter meist Auseinandersetzungen um Erb- bzw. Thronfolgen, und diesmal zündete der Funke in Polen. Der Tod von Friedrich August dem Starken, Kurfürst von Sachsen und König von Polen, am 1. Februar 1733 löste den Konflikt aus. Der Polnische Thronfolgekrieg (1733–1735) entschied nicht nur über das Schicksal Polens, sondern auch über das mehrerer

Die Auseinandersetzungen um die Nachfolge Augusts II. von Polen (Kurfürst Friedrich August I. von Sachsen) nach dessen Tod am 1. Februar 1733 führten zum **Polnischen Thronfolgekrieg** (1733–1735). Stanislaus Leszczynski, dessen Tochter Maria 1725 Ludwig XV. geheiratet hatte, wurde am 12. September 1733 von der polnischen Adelsnation zum König gewählt, konnte sich aber nicht gegen russische und österreichische Interessen durchsetzen. War zunächst der portugiesische Infant Emanuel ins Spiel gebracht worden, einigten sich Österreich und Russland im Vertrag von Wien (16. Juli 1733) auf den sächsischen Kurfürsten, der dafür

anderer Länder, vor allem Lothringens – und nicht zuletzt auch mit über das Maria Theresias.

Um den Königsthron konkurrierten der Sohn Augusts des Starken, Kurfürst Friedrich August II., der von Österreich zusammen mit dem verbündeten Russland unterstützt wurde und dafür die Pragmatische Sanktion anerkannte, gegen den von einer Mehrheit des nationalen Adels auf den Schild gehobenen Stanislaus Leszczynski. Für ihn, der gleichzeitig Schwiegervater Ludwigs XV. war, machte sich Frankreich stark. Nachdem er zur Flucht gezwungen worden war, besetzten französische Truppen Lothringen und überschritten den Rhein. Das gab dem Kaiser die Möglichkeit, mit der Erklärung des Reichskriegs zu reagieren. Gleichzeitig eröffneten Frankreich und Savoyen-Sardinien die Feindseligkeiten in Oberitalien; die Spanier griffen das Königreich beider Sizilien an.

Seit Beendigung des Spanischen Erbfolgekriegs hatte Spanien nicht nachgelassen, die Fühler nach Italien auszustrecken. Nun war es besonders die zweite Gemahlin Philipps V., Elisabeth Farnese, die die italienischen Ambitionen forcierte, um ihre Söhne dort mit fürstlichem Besitz auszustatten. Die italienischen Staaten dienten in dieser Zeit buchstäblich als strategische Manövriermasse im politischen Spiel der europäischen Großmächte. Und auf diese Weise – die Kriegsgegner wollten die Dinge nicht eskalieren lassen und einigten sich im Oktober 1735 – kam das bekannte polnisch-lothringisch-italienische Karussell in Gang: In Polen sollte der sächsische Kurfürst als König August III. installiert werden, Stanislaus Leszczynski dafür Lothringen erhalten, das später (1766) an seine Tochter und damit an die Krone Frankreichs fiel. Franz Stephan bekam als Ersatz für sein Stammland das Großherzogtum Toskana zugesprochen, dessen Regent, der letzte Medici Gian Gastone, zwar kinderlos und betagt, aber immerhin noch am

dem Kaiser die Zustimmung zur Pragmatischen Sanktion und Zarin Anna die freie Verfügung über den kurländischen Herzogshut zusicherte. Die russische Armee erzwang die Inthronisation Augusts III. (17. Januar 1734). Ludwig XV. hatte bereits am 10. Oktober 1733 dem Kaiser den Krieg erklärt. Obwohl eine innerpolnische Konföderation für Stanislaus I. aktiv wurde, musste dieser fliehen. Der Krieg endete mit dem Präliminarfrieden von Wien (31. Oktober 1735, endgültig 1738). Stanislaus I. verzichtete (28. Januar 1736) formell auf die Krone. Der innere Friede in Polen wurde im Pazifikationsreichstag von 1736 wiederhergestellt.

Leben war. Rechtsgrundlage war, dass die Toskana als Reichslehen vom Kaiser eingezogen und neu vergeben werden konnte. Österreich trat Neapel und Sizilien an den spanischen Bourbonenspross Don Carlos ab, behielt aber die Lombardei (bis auf kleinere Abtretungen an Savoyen) und gewann Parma und Piacenza hinzu, außerdem eben die Toskana. Frankreich erkannte endlich die Pragmatische Sanktion an.

Es bleibt anzumerken, dass ein solcher Länderschacher, wiewohl zur allgemeinen Übung geworden, schon zeitgenössisch in die Kritik geriet. Franz Stephan sträubte sich geraume Zeit, die Verzichtsurkunde zu unterzeichnen. Das rührte nicht nur daher, dass er nicht gern das Land seiner Väter aufgab, wovon ihn auch besonders die Herzoginmutter mit Heftigkeit abzuhalten suchte; er wäre zudem bis zur Übernahme der Toskana ein Fürst ohne Land gewesen! Natürlich wurde er vom Kaiserhof gedrängt, die Atmosphäre scheint sogar zeitweilig ziemlich gespannt gewesen zu sein (Staatssekretär Bartenstein soll ihm bedeutet haben: »Keine Abtretung, keine Erzherzogin!«), aber man setzte ihm zuletzt doch nicht die Pistole auf die Brust. Die Zustimmung zur Heirat wurde gegeben, und in einer Geheimabsprache bekam er als Überbrückung die Statthalterschaft der österreichischen Niederlande in Aussicht gestellt. Zudem wurde die Versorgung der lothringischen Verwandtschaft geregelt.

Es dauerte noch bis zum Februar 1737, dann leistete der letzte lothringische Herzog des angestammten Hauses und der vorletzte regierende Herzog von Lothringen überhaupt die Unterschrift: Dreimal soll er die Feder aus der Hand gelegt haben, wie anekdotisch überliefert wird, bevor er sich schließlich ins Unvermeidliche schickte. Die Grafschaft Falkenstein allein behielt er; das wurde wichtig für seine spätere Kaiserwahl, weil er sonst kein Besitztum auf Reichsgebiet gehabt hätte. Maria Theresia konnte aufatmen.

Lieber Schatz, ich bin Ihnen unendlich dankbar für Ihre Aufmerksamkeit, mir Neuigkeiten von Ihnen zu schreiben, denn ich war bekümmert wie eine arme Hündin; haben Sie mich ein bißchen lieb und verzeihen Sie mir, wenn ich Ihnen nicht genügend antworte, aber es ist zehn Uhr und Herbéville wartet auf meinen Brief. Adieu, Mäusl, ich umarme Sie von ganzem Herzen, geben Sie gut acht auf sich! Adieu, lieber Schatz, ich bin Ihre allerliebste Braut.

Maria Theresia in einem Brief vom 8. Februar 1736 an Franz Stephan

Mitte Dezember 1735 gab Kaiser Karl VI. offiziell die Verlobung seiner Tochter mit Herzog Franz III. von Lothringen bekannt. Die Hochzeit wurde auf den 12. Februar 1736 anberaumt. Wie es sich gehörte, kam nun ein großer zeremonieller Aufwand in Gang. Die Brautwerbung des Bräutigams fand am 31. Januar statt. Die – nicht anders als heute – hoch interessierte Öffentlichkeit konnte alles im ›Wiener Diarium‹ nachlesen. Vormittags um elf Uhr setzte sich ein langer, der Rangfolge nach wohl geordneter Zug von Läufern, Leiblakaien, Edelknaben, Edelleuten, Kammerherrn und hohen Würdenträgern mit dem Herzog am Ende von dessen Gemächern in der Hofburg aus in Bewegung, der Bräutigam in einem festlichen, kostbaren, mit Diamanten geschmückten Gewand. Nach einem kurzen Gespräch mit dem Kaiser in der Retirada begab sich der Zug zur Kaiserin, wo Erzherzogin Maria Theresia sitzend die Brautwerbung abwartete. Ein zustimmender Wink ihrer Mutter: Nun durfte sie das Portrait des Herzogs annehmen und einen Handkuss gestatten.

Dem Herkommen entsprechend wurde das Paar danach für kurze Zeit getrennt. Maria Theresia blieb in Wien, Franz Stephan ging nach Pressburg. Dieser Trennung verdanken wir einen reizvollen Briefwechsel des Paares. Besonders in Maria Theresias Briefen bricht bei aller Verpflichtung zum herkömmlichen Zeremonialstil ein frischer, spontaner Zug durch, wenn er auch gesittet eher in das Postskriptum verwiesen wird. Sie fühle sich bekümmert wie eine arme Hündin, heißt es etwa (auf französisch), Kosenamen (»Mäusl«) und liebevolle Floskeln springen aus der formelhaften Textumgebung.

10 Franz Stephan und Maria Theresia als Brautpaar. Gemälde eines unbekannten Künstlers, um 1736

Am 12. Februar, dem Sonntag vor Aschermittwoch, langte der Herzog um vier Uhr nachmittags von Pressburg an, begab sich zum kaiserlichen Oberstkämmerer, um sich ganz in Weiß und Silber zu kleiden, legte die Kette des Ordens vom Goldenen Vlies um und formierte einen Zug, der sich in den kaiserlichen Gemächern vervollständigte. Um sechs Uhr setzte sich der feierliche Zug zur Hofpfarrkirche der Augustiner in Bewegung, streng nach Rang und zeremoniellem Usus geordnet. Die lothringischen und kaiserlichen Kavaliere und Kammerherrn, die kaiserlichen Geheimen Räte und Staatsminister, die Ritter des Goldenen Vlieses schritten dem Bräutigam und dem Kaiser voran. Ihnen schlossen sich die Kaiserinnen mit der weißgekleideten und mit »mänge kostbaren geschmuck gezierten durchlauchtigsten« Braut in ihrer Mitte nebst Gefolge an. Die Schleppe des Brautkleides trug die getreue Aja der Erzherzogin, die Gräfin Fuchs.

In der von unzähligen Kerzen erleuchteten, mit niederländischen Tapisserien verschönerten Augustinerkirche nahm der Nuntius Domenico Passionei in Vertretung des Papstes Clemens XII. die Trauung vor (was den verstimmten Erzbischof von Wien, Kardinal Kollonitz, der sich um die Ehre betrogen sah, veranlasst hatte, sich aus »Krankheitsgründen« auf seine außerstädtischen Güter zurückzuziehen). Den Abschluss des

Tages bildete ein Festmahl im Komödiensaal der Hofburg. Die Feierlichkeiten setzten sich am nächsten Tag mit einer Messe am Morgen fort, mittags speiste man in den Räumen der Kaiserin,

11 Trauung in der Augustinerkirche in Wien. Radierung eines unbekannten Künstlers (Elias Baeck?), 1736

12   Das Festmahl zur Hochzeit. Gemälde von Martin van Meytens (?), um 1736

und am Abend stand die Oper ›Achille in Sciro‹ auf dem Programm, ein Musiktheater ganz in der Tradition der barocken, antikisierend-allegorisierenden Prunkoper. Das Libretto stammte vom 1730 an den Wiener Hof gekommenen Pietro Metastasio, die Musik von Antonio Caldara. Die Feierlichkeiten endeten am Faschingsdienstag mit einem Maskenball.

Noch im Februar reiste das neuvermählte Paar nach dem berühmten Wallfahrtsort Mariazell, wo sie dem »Wunderthuenden Marien-Bilde ein kostbares doppeltes mit Diamanten rings umher besetztes goldenes Herz opferten« und für eine kinderreiche Ehe den Segen erflehten.

Kampf um das Erbe

Zum Leidwesen der jungen Ehefrau drängte es Franz Stephan alsbald nach Feldherrnruhm, den er sich in dem soeben ausbrechenden Türkenkrieg (1736–1739) zu erwerben gedachte. Die leuchtenden Vorbilder des Prinzen Eugen von Savoyen wie des eigenen Großvaters mögen eine Rolle gespielt haben, wohl auch das Bedürfnis, sich nach Verlust des Stammlandes als Souverän zu beweisen.

Prinz Eugen, der »edle Ritter« und »heimliche Kaiser«, war am 21. April 1736 gestorben. Eine glanzvolle Periode des Hauses Österreich ging mit ihm zu Ende und eine der bedrängendsten begann. Wien hatte sich entschlossen, an der Seite Russlands in den Krieg gegen die Türken einzutreten, einmal, um sich für die russische Unterstützung am Rhein zu revanchieren, zum anderen, um den materiellen und den Prestigeverlust aus dem Polnischen Thronfolgekrieg wettzumachen, schließlich aber auch, um allzu großen Positionsgewinnen Russlands in der Schwarzmeerregion vorzubeugen.

Franz Stephan verließ die schwangere Ehefrau und begab sich zusammen mit seinem Bruder Karl in die südöstlichen Kampfgebiete. In kurzer Zeit erreichte er die oberste Leitungsebene, militärisch als Oberbefehlshaber des Türkenfeldzuges, politisch als Mitglied der »Geheimen Konferenz«, des obersten Regierungsgremiums, wovon Maria Theresia nach wie vor ausgeschlossen blieb. Der Waffengang endete in einem Desaster. Die Eroberungen des Prinzen Eugen rund 20 Jahre zuvor wurden zum großen Teil verspielt; Belgrad, die Provinz Serbien, die österreichische Walachei und weitere kleinere Ge-

Am 5. Februar 1737 brachte Maria Theresia ihr **erstes Kind** zur Welt, eine Tochter: Erzherzogin Maria Elisabeth. Am 6. Oktober 1738 folgte die zweite Tochter, Maria Anna.

biete gingen im Frieden von Belgrad 1739 verloren. Franz Stephan hatte sich als miserabler Feldherr erwiesen. Auch die anderen Generäle hatten keine gute Figur gemacht. Die Donaumonarchie musste vor aller Welt ihre eklatanten Schwächen, ihre militärische, finanzielle, personelle Erschöpfung offenbaren.

Nach dem verdrießlichen Kriegsgeschehen mochte die endlich anberaumte Bereisung des neu erworbenen Großherzogtums Toskana, zu der man im Januar 1739 aufbrach, eine wohltuende Abwechslung gewähren. Schneller als erwartet war der Großherzog Gian Gastone am 9. Juli 1737 gestorben, das Land durch Bevollmächtigte in Besitz genommen worden. Prächtige Triumphbögen und Schaugerüste (zum Beispiel eine Schlaraffenpyramide mit Wildbret, Schinken und Würsten in Livorno), rauschende Feste und Feuerwerke prägten die Reise unauslöschlich der Erinnerung ein. Aber auch die neue Herrschaft, besonders Maria Theresia, hinterließ bleibenden Eindruck. Ihre jugendliche Schönheit, lebendige Frische und für die Verhältnisse der Zeit auffallende Spontaneität erwarben ihr allerorts Zuneigung. Auch jetzt regierte der neue Großherzog das Land nicht persönlich, sondern installierte einen Regentschaftsrat. Im April reiste man nach Wien zurück. Maria The-

13 Maria Theresia und Franz Stephan ziehen in Florenz ein. Radierung von Marcus Tuscher, 1743

resia war zum dritten Mal schwanger. Am 12. Januar 1740 gebar sie Maria Karoline – wieder kein Erbprinz, auf den alle warteten. Karl VI. erging sich in Klagen, er sehe niemals Söhne. Von seiner Anlage her schon zur Melancholie neigend, verdüsterte sich sein Gemüt angesichts der vielen Misserfolge seiner Regierungszeit zusehends. Fünf Monate später musste Maria Theresia zum ersten Mal das so häufige Mutterschicksal dieser Zeit erfahren und ihr erstes Kind begraben, Maria Elisabeth. Die Stimmung in der Kaiserfamilie fiel auf den Tiefpunkt.

Als führte eine schwarze Dramaturgie die Dinge zum Höhepunkt, starb Karl VI. unerwartet am 20. Oktober 1740 fünfundfünfzigjährig. Jetzt stand alles auf dem Prüfstand. Würden die internationalen Garantien für die ungeschmälerte Erhaltung des Hauses Österreich, das im Mannesstamm erloschen war, halten? Würde Maria Theresia in ihren eigenen Landen akzeptiert werden? Würde das Kaisertum, das ja prinzipiell kein erbliches war, beim Hause Habsburg-Lothringen verbleiben?

Die Töchter Josephs I. und Cousinen Maria Theresias, die Erzherzoginnen Maria Josepha und Maria Amalia, hatten bei ihrer Heirat mit dem bayerischen bzw. sächsischen Kurfürsten Verzichtserklärungen abgeben müssen; damit glaubte man, eventuelle Erbansprüche von Sachsen und Bayern ausschließen zu können. Der bayerische Kurfürst Karl Albrecht aber hatte als einziger die Anerkennung der Pragmatischen Sanktion verweigert. Er machte mit Verweis auf wittelsbachisch-habsburgische Verwandtschaftsverträge aus der Zeit Ferdinands I. (1543/1546) Ansprüche auf Böhmen, Oberösterreich, Tirol und die Vorlande geltend; darüber hinaus meldete er seine Kandidatur für die Kaiserwahl an. Friedrich August II. legte Verwahrung gegen die Übertragung der böhmischen Kurstimme an Franz Stephan ein. Die Aspirationen des Sachsen gingen auf Mähren und Teile Schlesiens. Das waren die un-

Das Kollegium der **Kurfürsten** hatte sich im 13. Jahrhundert als derjenige Kreis der Reichsfürsten ausgebildet, denen allein die Wahl des deutschen Königs oblag. Ursprünglich waren dies die Erzbischöfe von Mainz, Köln und Trier, der Pfalzgraf bei Rhein, der Herzog von Sachsen, der Markgraf von Brandenburg und der König von Böhmen. Später traten der Herzog von Bayern und der Herzog von Braunschweig-Lüneburg (Hannover) hinzu.

mittelbaren Angriffspunkte, um die österreichische Erbfolge-
frage in die Krisis zu treiben.

Darüber hinaus verschlangen sich unvermeidlich die internationalen Verhältnisse in ihr. Zeitgleich mit der Habsburgermonarchie erfuhren Brandenburg-Preußen und Russland einen
politischen Generationswechsel, was in der allgemeinen europäischen Geschichte eine wichtige Zäsur bewirkte. Das Heft
ging von König Friedrich Wilhelm I. auf Friedrich II. (1740)
und von der Zarin Anna auf Elisabeth I. (1741) über.

Das österreichische Erbfolgeproblem, die Aussicht einer gi-
gantischen Umverteilung im hergebrachten mitteleuropäischen
Machtgefüge, musste alle Mächte in höchste Alarmbereitschaft
versetzen. Frankreich sah die langersehnte Gelegenheit gekommen, einen Wittelsbacher als Kaiser zu lancieren und die
Gewichte zu seinen eigenen Gunsten neu zu verteilen; im Besonderen hatte es die österreichischen Niederlande im Visier.
Dazu gesellte sich das in bourbonischer Familiensolidarität
verbundene Spanien; es warf begehrliche Blicke auf die österreichischen Nebenlande in Italien. Hinzu kam noch, dass die
Geschehnisse auf dem europäischen Kontinent eine Wechsel-
beziehung mit den lange schwelenden Rivalitäten eingingen,
die sich in Übersee zwischen Spanien und Frankreich auf der
einen, England auf der anderen Seite entwickelt hatten und in
einen offenen Kolonialkrieg mündeten (1739). Anlass boten
Handelskonflikte im karibischen Raum und Grenzfragen zwischen Georgia und (Spanisch-)Florida. London wollte französisch kontrollierte Übergewichte auf dem Kontinent gerade
aus diesem Grund unter keinen Umständen dulden.

Der erste, alles weitere stimulierende Schlag erfolgte von einer Seite, von der man es am wenigsten erwartet hatte. Am
16. Dezember 1740, in der für Feldzüge normalerweise gemie-
denen Jahreszeit, marschierte König Friedrich II. von Preußen

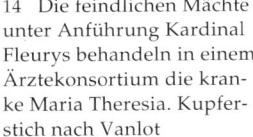

14 Die feindlichen Mächte
unter Anführung Kardinal
Fleurys behandeln in einem
Ärztekonsortium die kran-
ke Maria Theresia. Kupferstich nach Vanlot

mit 32 000 Mann in Schlesien ein, ohne auf nennenswerten Widerstand zu stoßen. Er hatte genial kalkuliert. Mit der von seinem Vater übernommenen Armee, der diszipliniertesten in ganz Europa, und – was im Zeitalter barocken Fürstenglanzes noch unerhörter war – mit einem gut gefüllten Staatsschatz schien ihm eine stabile Basis gegeben; überdies wähnte er die internationale Konstellation zu seinem Vorteil ausnutzen zu können. So fiel die Entscheidung, die Gunst der Stunde zur Erweiterung der preußischen Staatsmacht zu nutzen: Sie richtete sich auf die wenig gesicherte, wirtschaftsstarke österreichische Kernprovinz – und nicht, wie von der Öffentlichkeit viel eher erwartet, auf die niederrheinischen Herzogtümer Jülich und Berg, auf die sich Berlin seit geraumer Zeit Hoffnungen gemacht hatte, darin aber nicht zuletzt vom Kaiser enttäuscht worden war.

Das dreiste Husarenstück wurde wie üblich mit rechtlichen, in diesem Falle allerdings besonders fadenscheinigen Argumenten bemäntelt. Da sämtliche Dynastien Europas praktisch ein einziges großes Verwandtschaftsgeflecht bildeten, bedurfte es nur mehr oder weniger großer Mühe, im Bedarfsfall irgendwelche Erbansprüche aus den Archiven zu klauben. Die preußische Diplomatie stellte darüber hinaus in Wien den Erwerb Schlesiens als Gegenleistung für die Kaiserwahl Franz Stephans, für finanzielle Hilfen und – völlig windig – für die Vermittlung von englischer, niederländischer und russischer Unterstützung dar.

Maria Theresia, deren Vater Patenonkel Friedrichs II. war und sich für dessen Begnadigung nach dem bösen Jugendabenteuer seiner Flucht eingesetzt hatte, war zutiefst empört. Von Anfang an machte sie deutlich, dass sie keine Handbreit Schlesiens aufzugeben bereit sei und sich mit aller verfügbaren Kraft gegen das ihr angetane Unrecht zur Wehr setzen wolle. Es gab verzagte Stimmen aus ihrer engsten Umgebung, die

15 Königin Maria Theresia wird ihrer Kleider beraubt. Kupferstich eines unbekannten Künstlers, 1742

rieten, Friedrich II. entgegenzukommen, die bedrohliche Lage zu entschärfen und zumindest die Kaiserkrone zu sichern. Maria Theresia verwarf jedes Zugeständnis. Dabei spielte auch die Überlegung eine Rolle, dass es um die Geltung der Pragmatischen Sanktion geschehen sei, wenn man einmal anfange, von dem als unteilbar und untrennbar deklarierten Ganzen der Monarchie ein Stück herausbrechen zu lassen. Friedrich II. wurde zum personifizierten bösen Prinzip in ihrem Leben. Sie bedachte ihn – wenn sie nicht gerade eine diplomatische Sprache gebrauchen musste – mit Attributen wie »Feind ohne Glauben und Rechtsbewußtsein«, »böses Tier«, »Ungeheuer«.

Man mag eines der reizvollsten »Feindespaare« der Geschichte erblicken: hier der geniale Machtpolitiker und Staatsverwalter, die verkörperte Staatsräson ohne große Bedenklichkeiten im Hinblick auf das, was sich nach altem Herkommen schickte, areligiös, von Gefühlskälte und Zynismus, aber auch von außerordentlicher Seelenstärke geprägt und von der Verpflichtung des Herrschers auf das Staatswohl durchdrungen, ein musisch und philosophisch interessierter Monarch – dort die lebensvolle, willensstarke, fromme, impulsive Regentin, die – mit Einsatz und Geschick – ihr Reich wie einen großen Haushalt behandelte, dem als gute Hausmutter vorzustehen ihr von Gott aufgetragen war, traditionsbewusst und zugleich offen für den Fortschritt, soweit es um die bessere Einrichtung dieses Haushalts ging.

Maria Theresia befahl den Gegenangriff. Mit Mühe und Not wurde ein Heer von 16 000 Mann zusammengetrommelt und unter der Führung des Feldmarschalls Graf Wilhelm Reinhard Neipperg dem Eindringling entgegengeworfen. Mit der im Kampf unerprobten Preußenarmee und ihrem unerfahrenen, neunundzwanzigjährigen Oberbefehlshaber dachte der siebzigjährige österreichische Feldmarschall auch bei zahlenmäßiger

16 Die Entkleidung. Kupferstich eines unbekannten Künstlers. All diese Karikaturen spielen auf die Politik der Koalition gegen Maria Theresia an, wobei Kardinal Fleury, kenntlich am großen Kardinalshut, jeweils als besonders zudringlich erscheint.

Unterlegenheit fertig zu werden. Das Treffen bei Mollwitz in der Nähe von Breslau am 10. April 1741 belehrte ihn eines Besseren. Zwar legte der junge preußische König in seiner ersten Schlacht kein sehr rühmliches Verhalten an den Tag – er verlor die Nerven und floh vorzeitig vom Schlachtfeld –, der Sieg ging vielmehr auf das Konto des preußischen Feldmarschalls Graf Schwerin. Auch stellte sich die österreichische Kavallerie in der Tat als überlegen dar. Aber der wie eine Feuerwalze anrückenden preußischen Infanterie hatten die Österreicher, vielfach junge, ungeübte Rekruten, nichts entgegenzusetzen; ihre Stellung löste sich in heilloser Panik auf. Die preußische Präzision und Feuergeschwindigkeit – Ergebnis des unbarmherzigen Drills unter dem »Soldatenkönig«, dem Vater Friedrichs II. – verschlug selbst dem greisen österreichischen Heerführer den Atem.

Die Schlacht bei Mollwitz wertete Preußen als Bündnispartner erheblich auf und wirkte als Fanal, das sämtliche Gegner der Thronerbin losschlagen ließ. Die papierenen Garantien, auf die Karl VI. so viel Kraft verwendet hatte, bezeigten ihre realpolitische Substanzlosigkeit. In Nymphenburg bei München schlossen sich Bayern, Frankreich und Spanien zusammen, bald darauf, in einem Geheimbündnis, Frankreich und Preu-

17 Die Huldigung der niederösterreichischen Stände am 22. November 1740

ßen: Erster Schlesischer Krieg und Österreichischer Erbfolgekrieg verklammerten sich. Friedrich II. war dabei durchaus
nicht an einer Zerschlagung des Habsburgerreichs gelegen, er
hatte auch nichts gegen eine Kaisererhebung des Lothringers;
seine Zielsetzung war klug begrenzt, ihm ging es um die Ab-
rundung seines Staatsgebietes, die den Aufstieg Preußens zur
Großmacht herbeiführen würde.

Unterdessen war im Januar 1741 die zuletzt geborene Tochter
Maria Theresias gestorben. Wenig später tat sich wenigstens
ein Lichtblick auf: Endlich kam der Thronfolger. Am 13. März
erblickte der auf den Namen Joseph getaufte Sohn – der spätere Kaiser Joseph II. – das Licht der Welt, Anlass für ein großes
Freudenfest in Wien. Auch konnte sich Maria Theresia immerhin des Wohlwollens ihres niederösterreichischen Erblandes
erfreuen, das sich in der Huldigung der Stände im November
des vorherigen Jahres ausgesprochen hatte – über die zeremonielle Pflichtübung hinaus
diesmal von noch erheblic-he-
rer Symbolwirkung als sonst.
Nach der Regierungsübernah-
me hatte man nämlich hie und
da abschätzig von »Weiberre-
giment« gegrummelt.

Im Verlauf des Jahres 1740
überwog dann eine der neuen
Regentin günstige Stimmung.
Sie zeigte sich auch auf dem
Pressburger Reichstag Ende
Juni 1741, wohin Maria Theresia zur ungarischen Königskrönung reiste. Zwar gab es
auch hier eine Oppositions-

18 Krönung Maria Theresias in
Pressburg zur Königin von Ungarn.
Gemälde von Franz Moessmer und
Wenzel Pohl, 1768

gruppe, die dafür plädierte, das Reich der Stephanskrone jetzt endlich von der habsburgischen Dynastie zu lösen, sie drang aber nicht durch. Ungarn stellte sich hinter die Monarchin – und das sollte sich für diese als wichtiger Rettungsanker erweisen. Freilich kostete es den Preis einer Stärkung der ungarischen Eigenständigkeit: Maria Theresia versprach der Adelsnation, alle Privilegien (außer dem Widerstandsrecht) und den Palatin (einen vom Reichstag aus seinen Reihen gewählten Vizekönig) zu bestätigen, die Steuerfreiheit des Adels aufrechtzuerhalten und das Wahlprinzip des Königtums zu garantieren. Von einer Mitregentschaft ihres lothringischen Gemahls wollten die Ungarn zunächst nichts wissen.

In Pressburg bewährte sich die Ausstrahlung Maria Theresias in glänzender Weise. In einem offenen Wagen, angetan mit einer weißen, mit Gold und blauen Blumen bestickten ungarischen Tracht, erhielt sie von der Bevölkerung einen triumphalen Empfang. Die Krönungsfeierlichkeiten am 25. Juni verliefen eindrucksvoll: Vom Schloss zog Maria Theresia zum Martinsdom, wo sie vor dem Primas niederkniete und von ihm die heilige Stephanskrone aufgesetzt bekam. Mit einem Zeremonialschwert führte sie die rituelle Gebärde einer dreifachen Segnung aus. Im Anschluss schlug sie eine Reihe von Edelleuten zu Rittern, und auf der Schwelle der Kirche der

19 Der Umzug nach der Krönung in Pressburg. Gemälde von P. F. v. Hamilton

Barmherzigen Brüder leistete sie vor versammeltem Volk den Eid, die Rechte und Freiheiten der Ungarn zu wahren. Den Abschluss bildete eine besonders dramatische symbolische Handlung: Als neu gekrönter König von Ungarn (die weibliche Form wurde nie benutzt) hatte sie einen künstlichen Hügel mit Erde aus allen ungarischen Komitaten hinaufzureiten, der auf dem Kirchplatz von St. Martin aufgeschichtet war. Auf seiner Spitze musste sie hoch zu Ross, die Krone auf dem Haupt, das Schwert in alle vier Himmelsrichtungen zie-

20 Maria Theresia beim Ritt auf den Krönungshügel. Gemälde von Philipp Ferdinand von Hamilton

hen: Zeichen dafür, dass der König zur Verteidigung des Landes gegen jeglichen Feind gewillt sei, woher er auch komme. Maria Theresia meisterte – vor aller Augen – auch diesen schwierigen Akt. Beim anschließenden Festmahl entledigte sie sich endlich der schlechtsitzenden, drückenden Krone und stellte sie unbekümmert vor sich auf den Tisch.

Die Monate, die folgten, waren die prekärsten ihrer langen Regierungszeit. Die Bayern drangen, unterstützt von französischen »Hilfstruppen«, in Oberösterreich ein, Preußen rückte in Böhmen und Mähren vor, die Spanier besetzten die italienischen Lande der Monarchie, Sachsen schloss sich der Koalition an. König Georg II. von England, auf dessen Hilfsgelder die Monarchie dringend angewiesen war, hielt sich zunächst

Ungarn und Böhmen fielen nach dem Tod des Jagellonenkönigs Ludwig II. 1526 an seinen Schwager, den Habsburger Ferdinand I., der vorerst nur einen Teil des Landes gegen Siebenbürgen und die Türken behaupten konnte. Erst Leopold I. stellte die Einheit Ungarns unter seiner Führung wieder her (»Großer Türken-

krieg« 1683–1699). Nach dem Freiheitskampf unter Franz II. Rákóczi (1703–1711) sicherte Karl VI. im Frieden von Sathmar 1711 die ständische Verfassung und die Religionsfreiheit; die Stände behaupteten in der Folgezeit immer wieder ihre Sonderrechte. Der Friede von Belgrad 1739 legte die bis 1918 gültigen Grenzen fest.

aus dem Konflikt heraus, ging aus Sorge um sein Stammland Hannover mit einer Neutralitätskonvention auf Frankreich zu und fand sich sogar zur Kaiserwahl des Wittelsbachers bereit. Erst als man in London ernsthaft um Österreichs staatliche Existenz zu fürchten begann, schwenkte man 1742 auf eine antifranzösische Konfrontation um. Das schloss allerdings die für Maria Theresia unerfreuliche Leitlinie ein, auf einen Ausgleich mit Preußen zu drängen, das als weiteres Gegengewicht zu Frankreich dienen sollte. Maria Theresia trat am 11. September 1741 noch einmal vor den ungarischen Reichstag und erbat in ihrer höchsten Bedrängnis die »Insurrektion«, das allgemeine Heeresaufgebot, das eigentlich nur zur Verteidigung des Königreichs selbst, nicht aber der übrigen Länder der Habsburgermonarchie bestimmt war.

Um die Szene, die sich hierbei abspielte, rankten sich bald Legenden. In schwarzer Trauerkleidung, die Stephanskrone auf dem Haupt, habe die Königin mit dem sechs Monate alten Thronfolger auf dem Arm an die Repräsentanten der ungarischen Adelsnation eine lateinische Ansprache gerichtet und sie unter Tränen um Beistand angefleht. Darauf sei ein wahrer Tumult losgebrochen; die zu Tränen gerührten Männer hätten sich ihrer Herrin zu Füßen geworfen, ihre Degen gezückt und sich zu einem heiligen Eid verbunden: »*moriamur pro rege nostro Maria Theresia*« – »wir wollen sterben für unseren König Maria Theresia!« Die Insurrektion wurde zusammen mit finanziellen Hilfen bewilligt. Die Wirklichkeit nahm sich danach etwas weniger legendenhaft aus; statt der erwarteten 100 000 Mann kamen lediglich etwa 30 000 zusammen, die darüber hinaus erst im Herbst 1742

21 Maria Theresia begeistert 1741 in Pressburg die ungarischen Magnaten zum Schwur »*vitam et sanguinem pro rege nostro*«. Kreidelithographie nach C. Arnold, um 1860

bereitstanden; aber immerhin bedeutete dies eine spürbare Entlastung.

Zum ersten Mal nach einem halben Jahrhundert waren die österreichischen Kernlande unmittelbar bedroht. Am 15. September 1741 stand das bayerisch-französische Heer in Linz. Karl Albrecht ließ sich von den oberösterreichischen Ständen als Erzherzog von Österreich huldigen. Die Sache wäre womöglich noch schlimmer ausgegangen, hätte er seinen Marsch direkt auf Wien fortgesetzt, er änderte aber seine Stoßrichtung und wandte sich nach Böhmen. Dort wollte er sich zum König proklamieren, ein wichtiger Schritt auch zum Erwerb der Kaiserkrone.

Durch einen rasch abgeschlossenen Waffenstillstand mit Friedrich II. (Abkommen von Klein-Schnellendorf) versuchte Wien Spielraum zu gewinnen, konnte aber die Einnahme Prags am 26. November 1741 nicht verhindern. Maria Theresia war untröstlich. »So ist denn nun Prag verloren … Jetzt endlich, Kinsky, ist der Augenblick gekommen, in welchem man Mut zeigen muß, um sich das Land zu erhalten und mit ihm die Königin, denn ohne dasselbe wäre ich nur eine arme Fürstin. Mein Entschluß ist gefaßt, alles aufs Spiel zu setzen und zu verlieren, um mir Böhmen zu retten, und auf dieses Ziel müssen Eure Bemühungen, Eure Maßregeln gerichtet sein. Alle meine Heere, alle Ungarn sollen eher vernichtet werden, als daß ich irgend etwas abtrete«, schrieb sie im Dezember 1741 an den böhmischen Hofkanzler, den Grafen Philipp Joseph Kinsky, ein Brief, der die Qualität ihrer – nichts weniger als pazifistisch gestimmten – Entschlossenheit dokumentiert.

Böhmen war vorerst verloren, Karl Albrecht sein neuer König. Der böhmische Adel huldigte, vor die Alternative der

> Unsere betrübte Lage ist von der Art, daß wir selbe den Ständen nicht verhehlen können. Es handelt sich um die Erhaltung des Königreichs Ungarn, der heiligen Krone, Unserer Person, Unserer Kinder. Von allen verlassen, flüchten Wir uns einzig zu der alt angestammten Tugend der Ungarn. Ihrer Treue vertrauen wir Uns und Unsere Kinder. In dieser gegenwärtigen Gefahr muß ohne Zögern Rat geschafft, das Schwert ergriffen werden, um Unsere und des Reiches Feinde zurückzudrängen. Wir vertrauen fest, daß die Stände nach ihrer Liebe und Treue Uns mit Rat und Tat beistehen werden.
> *Aus der Ansprache Maria Theresias an die ungarischen Stände am 11. September 1741*

Einziehung seiner Güter gestellt, ebenso bereitwillig wie der oberösterreichische dem neuen Herrn. Schließlich folgte noch die letzte Stufe in der Demontage des hergebrachten habsburgischen Hausglanzes: Am 13. Februar 1742 wurde der Bayer als Karl VII. in Frankfurt zum Kaiser gekrönt, der erste Nicht-Habsburger seit 304 Jahren. Zu diesem Zeitpunkt hatte sich aber das Blatt schon zu wenden begonnen. Just am selben Tag nämlich besetzten österreichische Truppen unter Feldmarschall Ludwig Andreas Graf von Khevenhüller München. Der befähigte Stratege hatte Maria Theresia bewogen, die Konzentration von Böhmen weg und auf das Stammland des Gegners zu lenken.

Tatsächlich gelang die Räumung Oberösterreichs von den bayerischen Eindringlingen und der Einfall in das Nachbarland. Aus dieser Zeit stammt ein ungemein aussagekräftiger Brief Maria Theresias an ihren Paladin, der ihn und seine Offiziere zu der äußersten Anstrengung anstacheln sollte. Begleitet von einem Bildnis, das die Königin zusammen mit ihrem

22 Khevenhüller liest seinen Truppen einen Aufruf Maria Theresias vor. Kupferstich eines unbekannten Künstlers, 1742

kleinen Sohn Joseph zeigte, erreichten den Feldmarschall die folgenden Zeilen: »Lieber und getreuer Khevenhüller! Hier hast Du eine von der ganzen Welt verlassene Königin vor Augen mit ihrem männlichen Erben; was vermeinst Du will aus diesem Kind werden? Sieh Deine gnädigste Frau erbietet sich Dir als einem getreuen Minister; mit diesem auch ihre ganze Macht, Gewalt und alles, was unser Reich vermag und enthält. Handle, o Held und getreuer Vasall, wie Du es vor Gott und der Welt zu verantworten Dich getrauest. Nimm die Gerechtigkeit als ein Schild, thue was Du recht zu sein glaubst; sei blind in der Verurtheilung der Meineidigen; folge Deinem in Gott ruhenden Lehrmeister in den unsterblichen Eugenischen Thaten und sei versichert, daß Du und Deine Familie zu jetzigen und zu ewigen Zeiten von Unserer Majestät und allen Nachkommen alle Gnaden, Gunst und Dank, von der Welt aber einen Ruhm erlangest. Solches schwören Wir Dir bei Unserer Majestät. Lebe und streite wohl! Maria Theresia.«

Der in der Runde der Offiziere verlesene Appell an die Ritterlichkeit wirkte wie bei der Pressburger Episode, mit der es eine unübersehbare Ähnlichkeit gibt, überwältigend. Die Szene, später auch im Bild festgehalten, offenbart die symbolisch-emotionale Kraft, die Herrschertum und Herrschergeschick zu dieser Zeit noch in den Köpfen der Menschen zu entbinden vermochte. Die Erfolge der österreichischen Waffen riefen Friedrich II. auf den Plan. Er nahm die kriegerischen Aktivitäten wieder auf, besiegte den Schwager Maria Theresias, Karl von Lothringen, der sich als ebenso unfähig wie sein Bruder erwies, bei Chotusitz nicht weit von Prag. In Wien sah man ein, dass nur weiterzukommen war, wenn man die Zahl der Gegner verringerte, und so schluckte man die Kröte, Schlesien aus strategischen Erwägungen dem Preußenkönig zu überlassen. Englischer Druck tat das Seine dazu.

Wie Ungarn gelangte **Böhmen** nach dem Tod des Jagellonen Ludwig II. 1526 an Ferdinand I., seinen Schwager. Absolutistische und gegenreformatorische Bestrebungen (1555 Gründung des Prager Jesuitenkollegs) der neuen habsburgischen Herrschaft führten zu scharfen Auseinandersetzungen mit den Stän-den. 1576 vereinigten sich die Protestanten, deren Anschauungen von einer Mehrheit in Adel und Volk geteilt wurden, in der auf hussitischen, calvinistischen und lutherischen Traditionen beruhenden *Confessio Bohemica*. Der konfessionelle Gegensatz eskalierte 1618 anlässlich einer Tagung der protestantischen

Der Erste Schlesische Krieg wurde mit dem Vorfrieden von Breslau bzw. dem Frieden von Berlin am 28. Juli 1742 beendet. Nieder- und Oberschlesien einschließlich der Grafschaft Glatz gingen an Friedrich II., Österreich behielt nur Teschen, Troppau und Jägerndorf. So vorläufig und brüchig sich der Friede auch anließ, dieser Neuzuschnitt der territorialen Verhältnisse sollte sich in der Zukunft – mit Wirkung bis 1945 – als dauerhaft erweisen. Im September 1742 schloss auch Sachsen Frieden. Jetzt besaßen die Truppen Maria Theresias den benötigten Operationsspielraum. Ganz Bayern wurde besetzt, Prag zurückerobert. Damit hatte die Trägerin der Stephanskrone auch die Wenzelskrone wiedergewonnen. Im Mai 1743 fand die Krönung im Veitsdom statt. »Die Kron ist hier, habe selbe aufgehabt, ist schwerer als die von Presburg, sehet einem Narrenhäubel gleich«, bemerkte sie dem böhmischen Hofkanzler gegenüber maliziös. Das opportunistische Verhalten der Landstände mag ihr dabei vor Augen gestanden haben. Das Strafgericht gegen die Abtrünnigen fiel indessen milde aus.

Endlich ein Jahr, das sich glücklich entwickelte! Im Juni schlug der englische König mit der so genannten pragmatischen Armee, die von England, Holland und Österreich gemeinsam aufgestellt worden war, bei Dettingen die Franzosen. Auch auf dem italienischen Kriegsschauplatz gelangen Erfolge, nachdem König Emanuel I. von Sardinien-Savoyen, von England ermuntert und mit Subsidien unterstützt, Österreich an die Seite getreten war. Als nun Prinz Karl von Lothringen (mittlerweile Maria Theresias Doppelschwager, nachdem er im Januar 1744 ihre einzige Schwester, Maria Anna, geheiratet hatte) gar ins Elsass vorrückte und deutliche Ambitionen in Richtung seines alten Stammlandes zu erkennen gab, war für Friedrich II. der kritische Punkt erreicht. Das alte Spiel

Stände in Prag im »Zweiten Prager Fenstersturz« (23. Mai), der den Auftakt zum Böhmischen Aufstand des protestantischen Adels und zum Dreißigjährigen Krieg (1618–1648) bildete. Ferdinand II. wurde abgesetzt und der protestantische Kurfürst Friedrich V. von der Pfalz zum König gewählt (»Winter-

könig«). Mit dem Sieg des Kaisers in der Schlacht am Weißen Berg bei Prag (8. November 1620) hatte die Ständeopposition ausgespielt. Hinrichtungen, Güterkonfiskationen und Auswanderungen folgten. Die »Verneuerte Landesordnung« hob die ständischen Rechte weitgehend auf (1627) und setzte die Gleichbe-

wiederholte sich. Um einem zu großen Machtzuwachs des Gegners vorzubeugen, der ihm das Erreichte hätte wieder gefährden können, unternahm er einen Präventivschlag. Am 10. August 1744 marschierte er – gedeckt durch ein Bündnis mit Frankreich – in Böhmen ein. Der Zweite Schlesische Krieg begann.

Die Aktivitäten Friedrichs II. dienten im Übrigen auch dem Ziel, dem hilflos in Frankfurt residierenden neuen Kaiser zu einer tragfähigen territorialen Machtbasis zu verhelfen. Obwohl Prag in seine Hände fiel und er bereits in Gedanken eines Vorstoßes nach Wien schwelgte, endete das böhmische Abenteuer katastrophal. Ursache war die geschickte Defensivtaktik des österreichischen Feldmarschalls Traun, der dem Preußenkönig die Entscheidungsschlacht verweigerte und ihn statt dessen

23 Kronprinz Friedrich (Ausschnitt). Gemälde von Georg von Knobelsdorf, um 1737

auf lehrbuchmäßige Weise unter Abschnüren der Verbindungslinien aus dem Land hinausmanövrierte.

Am Ende des Jahres musste Maria Theresia den Tod eines ihr nahe stehenden Menschen beklagen: ihrer in Brüssel weilenden Schwester Maria Anna, deren Gemahl Karl von Lothringen zum Statthalter der österreichischen Niederlande bestimmt war. Sie hatte am 3. Oktober 1744 ein totes Kind zur Welt gebracht und starb selbst am 16. Dezember. Wenig später wendete sich auch das Kriegsglück wieder zu Ungunsten Maria Theresias,

rechtigung der beiden Landessprachen – Tschechisch und Deutsch – fest. Die böhmische Hofkanzlei wurde nach Wien verlegt. Mit der Umwandlung der böhmischen Oberschicht wurde gleichzeitig das Deutsche gegenüber dem Tschechischen zur vorherrschenden Sprache.

Friedrich II. (1712–1786) hatte 1730 im Konflikt mit seinem Vater, dem »Soldatenkönig« Friedrich Wilhelm I., einen Fluchtversuch unternommen. Schließlich unterwarf er sich, nahm die verhängte Haft an und bestieg 1740 den preußischen Thron. Als Anhänger der Aufklärung holte er den Philosophen Voltaire an seinen Hof.

trotz der Anfang Januar 1745 geschlossenen antipreußischen Quadrupelallianz von Österreich, Holland, England und Sachsen-Polen und obwohl der Himmel wieder zu Gunsten der Königin zu intervenieren schien: Am 20. Januar starb plötzlich Karl VII., erst siebenundvierzigjährig. Die kurze Episode des wittelsbachischen Kaisertums war vorüber. Mit dem Sohn des Verstorbenen, Maximilian III. Joseph, konnte sich Maria Theresia rasch im Frieden von Füssen (22. April 1745) vergleichen. Der junge bayerische Kurfürst verzichtete gegen Rückgabe seines Landes auf alle Erbansprüche gegenüber dem Haus Habsburg, erkannte die Pragmatische Sanktion an und sagte seine Kurstimme für die Wahl Franz Stephans zum Kaiser zu. Damit verzichtete die Österreicherin jedoch zugleich auf die Möglichkeit einer bayerischen Kompensation für Schlesien.

Die kriegerischen Entwicklungen verliefen mehr als enttäuschend. Die habsburgische Sache erlitt Niederlagen bei Fontenoy auf dem niederländischen Kriegsschauplatz und durch die Schlachtensiege, die dem preußischen König maßgeblich zur Berühmtheit verhalfen: Hohenfriedberg, Soor, Kesselsdorf. Auch in Italien standen die Dinge schlecht, und so zwang der

untragbare Vielfrontenkrieg Maria Theresia erneut, ihrem Erzfeind nachzugeben. Der Frieden von Dresden, der am Weihnachtstag des Jahres 1745 unterzeichnet wurde, schloss den Zweiten Schlesischen Krieg ab. Friedrich II. erhielt den Besitz Schlesiens bestätigt und erkannte dafür die Kaiserwahl Franz Stephans an.

24 Kaiser Karl VII. Gemälde eines unbekannten Künstlers, 18. Jahrhundert. Karl Albrecht, Kurfürst von Bayern, als Kaiser Karl VII. (1697–1745, Kaiser 1742–1745), heiratete 1722 die jüngste Tochter Kaiser Josephs I., Maria Amalia, und erhob nach dem Tod Karls VI. Anspruch auf das habsburgische Erbe.

Diese Wahl hatte am 13. September 1745 durch sieben der neun Kurfürsten stattgefunden; die Vertreter Preußens und der Pfalz hatten sich protestierend entzogen. Gegen den Lothringer, der ja im Reich so gut wie keine Verankerung besaß, waren überhaupt Bedenken laut geworden. Nun hatte Maria Theresia zumindest die Genugtuung, die Kaiserwürde ihrem Gemahl und ihrem Hause gesichert zu sehen. Jetzt konnte sie erst recht das ihr angetane Unrecht mit ganzem moralischem Gewicht verfolgen.

Die Kaiserkrönung fand am 4. Oktober im Frankfurter Dom statt. Maria Theresia lehnte – aus nicht eindeutig identifizierbaren Gründen – die Krönung für sich ab. Es scheint in den Äußerungen der Beteiligten durch, dass sie neben den »männlichen« Kronen, die sie trug, auf eine Krone ohne tatsächliche Macht, »aus zweiter Hand« gleichsam, keinen Wert legte. Das verhinderte aber nicht, dass sie auf ihrer Reise nach Frankfurt wie in der Krönungsstadt selbst für die Öffentlichkeit mindestens so interessant war wie ihr Gatte. Ihr ungezwungenes Erscheinen – sie hatte sich den Scherz gemacht, als »Privatperson« aufzutreten –, ihr Charme, ihre Leutseligkeit verschafften ihr große Popularität.

Der Krieg schleppte sich, nun vor allem auf den niederländischen, italienischen und überseeischen Schauplätzen, noch drei Jahre hin, mit zunehmender Kriegsmüdigkeit aller Beteiligten, die Illusionen größerer Terraingewinne begraben mussten. Auf österreichischer Seite hatte etwa das am 2. Juni 1746 geschlossene Defensivbündnis mit der Zarin Elisabeth I. noch einmal Hoffnungen geweckt. In Aachen verständigten sich die Mächte schließlich angesichts drohender Staatsbankrotte. So recht zufrieden war dabei niemand. London hatte keine sichere Kontinentalordnung erzwingen können, die vor allem auch das in Personalunion verbundene Hannover unangreifbar machte.

Das Haus Hannover auf dem englischen Thron

Mit Georg I. (1714–1727) gelangten die Kurfürsten von Hannover auf den englischen Königsthron. König Georg II. (1727–1760) hatte auf Betreiben des Premierministers Walpole zunächst auf dem Kontinent Zurückhaltung geübt. Kolonialkonflikte mit Spanien (1739) und der österreichische Erbfolgekrieg führten dann zu kriegerischem Engagement.

25 Maria Theresia im böhmischen Krönungsornat. Gemälde eines unbekannten Künstlers (Martin van Meytens der Jüngere?)

Paris hatte eine Prestigeeinbuße im Reich erlitten und sah sich einer eindeutigen britischen Seeüberlegenheit gegenüber.

Die – nunmehrige – Kaiserin musste am längsten gedrängt werden. Sie fühlte sich nicht nur ungerecht behandelt, sondern ließ auch am meisten Federn: Der am 18. Oktober 1748 besiegelte Friede von Aachen gab ihr zwar die besetzten Niederlande zurück, garantierte aber Friedrich II. den Besitz Schlesiens und sprach dem zweiten zu versorgenden Sprössling Madrids die italienischen Besitztümer Parma, Piacenza und Guastalla zu, ein schwerer Schlag. Ein kleines Stück des Herzogtums Mailand wurde zudem an den österreichischen Bundesgenossen Savoyen abgetreten. War der Aachener Friede alles andere als ein Triumph für Maria Theresia, so konnte sie doch immerhin die Gewissheit verbuchen, dass die Erbfolgeordnung und Integrität der habsburgischen Monarchie fortan unzweifelhaft verbrieft war.

Hof und Zeremoniell

Es versteht sich, dass Maria Theresia bei allem angeborenen Talent zur Meisterung des Regierungsgeschäfts erfahrener Ratgeber bedurfte. Wer waren sie? Wie hat man sich überdies den tragenden institutionellen Rahmen vorzustellen, der ihren Alltag organisierte und auf dessen Basis sie ihre Aktivitäten entfaltete? Das führt uns dazu, die unmittelbare Umgebung der Herrscherin in Augenschein zu nehmen: ihren Hof, dann, in einem weiteren Kapitel, ihren Regierungsapparat, zwei Sphären, die sich ursprünglich stark überlagerten.

Besonders wichtige Berater besaß die Anfängerin in Staatssekretär Johann Christoph Freiherr von Bartenstein und Graf Emanuel de Sylva-Tarouca. Dagegen erwiesen sich die von ihrem Vater übernommenen Minister im Allgemeinen als wenig brauchbar. Bartenstein (1690–1767), konvertierter und im kaiserlichen Dienst aufgestiegener Sohn eines evangelischen Straßburger Professors, leistete ihr Hilfestellung auf dem Gebiet der Außenpolitik. Ohne diesen versierten Staatsmann wäre in den Bedrängnissen des Erbfolgekriegs »alles zu Grund gegangen«, wie die Kaiserin später dankbar vermerkte. Er war es, der sie

26 Johann Christoph Freiherr von Bartenstein. Gemälde von Martin van Meytens. Nach seinem Eintritt in die österreichischen Staatsdienst stieg er schnell auf, 1717 als Rat der niederösterreichischen Regierung, 1726 als Hofrat in die Hofkanzlei und 1733 als Geheimer Staatssekretär zum eigentlichen Leiter der österreichischen Außenpolitik. 1753 wurde er, inzwischen von Kaunitz abgelöst, Vizepräsident des *Directoriums in publicis et cameralibus* und Präsident der illyrischen Hofdeputation und der Sanitätshofdeputation. 1741 wurde er erster Leiter des Haus-, Hof- und Staatsarchivs.

wider maßgebliche Stimmen am Hof in ihrer eisernen Un-
nachgiebigkeit gegenüber Friedrich II. bestärkte. Mit seiner
Treue und enormen Arbeitskraft, die er in der Not strecken-
weise auch in den Dienst der staatlichen Finanzwirtschaft stellte, machte er sich in dieser schweren Zeit um den Erhalt der
Monarchie verdient.

Graf Sylva-Tarouca (1696–1771), Portugiese von Geburt, war
Mitglied des Ministerrats für die Niederlande und wurde von
Maria Theresia gleich nach ihrer Thronbesteigung zu dessen
Präsident ernannt. Später (1744) erhielt er noch für eine Zeit
lang das Amt des Hofbaudirektors und (1750) das Präsidium
des italienischen Rates. Er sollte sie bei der Organisation der
täglichen Geschäfte anleiten und ihr gleichsam als verkörperte
Instanz der Selbstkorrektur dienen. Mit seiner Hilfe gedachte
sie nachzuholen, was in ihrer Erziehung zur Vorbereitung auf
das Regierungsgeschäft versäumt worden war. Ihm trug sie
ausdrücklich auf, sie ungeschminkt auf Fehler in ihrem Handeln und Verhalten aufmerksam zu machen, »welches höchst
nötig für einen Regenten, dann sich wenig oder keine finden,
die es tun und solches gemeiniglich aus Respect oder Interesse unterlassen« (Denkschrift 1750/1751).

Von diesem Mentor ließ sie sich einen genauen Tagesplan
entwerfen. Danach stand sie gegen acht Uhr auf. Anziehen,

Frühstück und Messe bean-
spruchten nicht mehr als eine
Stunde. Eine halbe Stunde
widmete sie darauf den Kindern. Die Zeit von halb zehn
bis Mittag gehörte den Ge-
schäften: Aktenlesen, Vorträge der Minister, Audienzen.
Nach Tarouca sollte dann ei-

27 Emanuel Graf Sylva-Tarouca.
Gemälde nach Mánes Czech. Der
Graf entstammte einem der ältesten
Geschlechter Portugals und trat im
Jahr 1715 in das unter Prinz Eugens
Befehl stehende Reichsheer ein. Von
hier aus gelangte er in den zivilen
kaiserlichen Dienst in Brüssel und
Wien.

ne viertelstündige Entspannungspause eingelegt werden, bevor das Mittagessen eingenommen wurde, für das eine Stunde vorgesehen war.

Um halb zwei nahm sie den Kaffee, beschäftigte sich wieder mit den Kindern, besuchte die Kaiserinmutter, um gegen vier Uhr wieder die Regierungsgeschäfte aufzunehmen, die sich bis zum Abendessen um halb neun Uhr hinzogen. Dann sollte nach Taroucas Rat nichts mehr vorgenommen werden, was den Schlaf vertreibe. Die folgenden Stunden waren bis zum Schlafengehen um Mitternacht den Vergnügungen gewidmet. Freilich hielt sich Maria Theresia in der Folge nicht an die vorgesehene Begrenzung der Arbeitszeit auf sieben Stunden. An Sonn- und Feiertagen hörte sie zweimal die Messe und gab dann allgemeine Audienzen. Lag sie im Wochenbett, so ließ sie sich die Vorträge der Minister und die Berichte der Gesandten ans Bett bringen.

Am meisten bewegte sich im tagtäglichen Betrieb die Gestalt des Oberstkämmerers um die Regentin. Er hatte die Personen, die in die innersten Gemächer zugelassen wurden, anzumelden und einzuführen. Wiederholt versah dieses Amt Johann Joseph Fürst Khevenhüller-Metsch. Spätestens seit 1742, als er

zum Obersthofmarschall ernannt wurde, gehörte er zu den Personen, mit denen Maria Theresia den vertrautesten Umgang unterhielt, was sich auch auf seinen Familienkreis erstreckte. Khevenhüller bekleidete dann noch, zum Teil gleichzeitig, das Amt des Obersthofmeisters. Seinen Tagebuchaufzeichnun-

28 Johann Joseph Khevenhüller (1706–1776). Gemälde von Martin van Meytens d. J. Der Graf diente auch als Reichshofrat, Geheimer Rat, Staats- und Konferenzminister. 1728 heiratete er die Erbtochter des Reichsgrafen von Metsch und nahm deshalb 1751 den Namen von Khevenhüller-Metsch an.

gen verdanken wir zahlreiche wertvolle Einblicke in das damalige Hofleben.

Zu seinen Pflichten gehörte nicht zuletzt die Sorge für Zeremoniell und Etikette, und diese waren ein zentrales Element des höfisch-politischen Getriebes. Sie bildeten das unsichtbare Gewebe, das die Verhaltensweisen der Einzelnen modellierte und zusammenband. Freilich machte Maria Theresia – und auch ihr Gemahl – dem Obersthofmarschall bzw. Obersthofmeister das Leben nicht immer leicht. Oft genug klagte der Wächter des strengen Herkommens über mannigfache Lockerungen, die seinem peniblen Traditionsbewusstsein sehr zuwiderliefen.

Der Hof war zunächst der Haushalt des Fürsten. Unter Maria Theresia zeigte er gerade diesen Teil seiner Bestimmung, verglichen mit anderen Höfen, in ausgeprägter Eigentümlichkeit, gehörte doch die Rolle der Hausmutter wesentlich zu ihrem Selbstverständnis (so betätigte sie sich als Ehestifterin für ihre weibliche Dienerschaft). Er war aber noch weit mehr, nämlich soziales Gravitationszentrum der ständischen Gesellschaft. Wohl hatten die Habsburger nicht in gleichem Maßstab wie die französischen Könige vermocht, den Adel politisch und ökonomisch an den Hof zu binden – er besaß eine solide grundherrliche und landständische Verankerung in den einzelnen Ländern. Dessen ungeachtet bildete es ein zentrales Prestige- und Einflussmoment, hoffähig zu sein und sich in der Nähe des Herrschers zu bewegen. Der Hof gab die sozial-kulturellen Standards vor, an denen sich die Angehörigen der Adelsgesellschaft zu orientieren hatten, hier wurde maßgeblich über die alles beherrschenden Rangfragen entschieden. Am Hof konnten Adelssprösslinge – besonders des mittleren sowie des niederen Adels – auch eine umfassende Erziehung erfahren.

Wenn jemand zur Audienz sich bey der Kayserlichen Herrschaft will einführen lassen: so muß er sich Dienstags oder Mittwochs Morgens zwischen 9 und 10 Uhr bey dem Herrn Ober-Kämmerer dazu anmelden. Hat er wirklich etwas vorzutragen: so muß er es Sr. Excellenz schriftlich überreichen. Will aber ein Fremder nur allein der Gnade geniessen, sich zu den Füssen der Kayserlichen Majestäten nieder zuwerfen, so darf er solches nur lediglich anzeigen, und er wird, wenn er sich zu Wien unsträflich aufgeführt hat, um dieses Glück nicht vergeblich bitten … Wenn je-

Der Hofstaat benötigte eine Reihe von Ämtern, die man der Ehre halber oder zum Zwecke einer standesgemäßen Versorgung gerne anstrebte. Umgekehrt zehrte auch der Nimbus des Herrschers von der glanzvollen Familienehre vornehmer Adelsgeschlechter, mit denen er sich umgeben konnte. Dass darüber hinaus der Hof auch eine Brutstätte von Missgunst und Intrige, von Klatsch und Schmeichelei war, blieb am wenigsten der Kaiserin verborgen.

An der Spitze des Hofes standen die vier obersten Hofämter, die ausschließlich aus dem Kreis der vornehmsten Adelsgeschlechter rekrutiert wurden: Obersthofmeister, Obersthofmarschall, Oberstkämmerer und Oberststallmeister. Der schon erwähnte Oberstkämmerer hielt sich stets in unmittelbarer Nähe des Herrschers auf und hatte für sein leibliches und geistiges Wohl zu sorgen. Außerdem führte er die Gesandten und Gäste zu den Audienzen. Diese Nähe bedeutete ein unermessliches Prestigepotenzial, schloss aber auch große Einflussmöglichkeiten ein, da sie bis zu einem gewissen Grade die Zugangsschleuse zum Herrscher darstellte. Dem Oberstkämmerer unterstanden die Kammerherren, die mehr die repräsentative Komparserie bildeten, und die Kammerdiener, die die tatsächliche Bedienung des Herrschers übernahmen (bzw. die Kammerfrauen und Kammerdienerinnen). Außerdem gehörten zum Stab des Oberstkämmerers die Beichtväter, die Leibärzte, Leibchirurgen, Zahnärzte, Leibapotheker, Perückenmacher, Kammertürhüter, -heizer, -furiere, -trabanten und -ansager, ferner Tapezierer, Schneider, Kürschner, Leibwäscherinnen und viele andere.

Hinzu kamen in der theresianischen Zeit die Schlossverwaltungen und die Organisation der höfischen Kunst- und Wissenschaftspflege. Schließlich leitete er das geheime Kammerzahlamt, das Gelder für persönliche Dispositionen bereit-

mand der Zutritt zu der Kayserlichen Herrschaft von dem Herrn Ober-Kämmerer versprochen ist: so muß er sich um die bestimmte Zeit in der Kayserlichen Vorkammer einfinden, und darinnen warten, bis ihm Eintritt angesagt wird. Bey der Audienz ist zu beobachten, daß man gleich beym Eintritt eine spanische Beugung, nachdem man sich auf einige Schritte genähert, abermal eine dergleichen spanische Bewegung mache, daß man endlich, wenn man näher sich bey Sr. Kayserlichen Majestät befindet, sich das Ansehen gebe, als ob man mit einer spanischen Beugung auf die Knie

stellte (zum Beispiel für Hofreisen, Bau und Möblierung der Schlösser, Pensionen für nahe stehende Adelsfamilien, für Hofdamen und Kammerfrauen, Aussteuer und Erziehungsbeiträge für Kinder von Hofangehörigen, Nikologeschenke, Stipendien, Belohnung von Konversionen, Almosen).

Der Obersthofmarschall übte die Polizeigewalt über die bei Hofe Anwesenden aus, empfing Gesandtschaften und hohe Gäste bei ihrer Ankunft in der Kaiserstadt und besorgte die Quartiere. Eigentlicher Chef der Hofverwaltung und ranghöchster Würdenträger aber war der Obersthofmeister. Ihm war auch der umfangreichste Stab zugeordnet. Der Kreis seiner Zuständigkeiten umfasste Küche und Keller, Zeremonialwesen, Vertretung des Herrschers gegenüber auswärtigen Fürsten, Hofreisen, Theatralstaat, Hofbibliothek und anderes mehr. Zum Küchen- und Tafelbereich gehörten als nächst untergeordnete Funktionen der Obersthofküchenmeister, der Oberstsilberkämmerer, der Obersthofstabelmeister (Aufsicht bei der Tafel, der Name rührt von seiner Ausstattung mit einem Zeremonialstab her). Für den (zeremoniellen) Tafeldienst kamen Mundschenken, Truchsessen, Vorschneider und Panathiere zum Einsatz. Der Bereich des Obersthofmeisters umfasste ferner Hofprediger und Hofkapläne, Ärzte und einen Apotheker (für die Hofangehörigen, nicht für die kaiserliche Familie), Verwaltungs- und technisches Personal, Dolmetscher, Kuriere, Garden, den Theatralstaat (u. a. Hofpoet, Theatralingenieure, Kapellmeister, Komponisten, Sänger und Orchestermusiker) sowie das Kontrollamt, das unter anderem Budgets erstellte und prüfte, aber auch für die Prüfung von Gnadengesuchen zuständig war. Das Hofpersonal teilte sich in (unbesoldete) Ehrendienste bzw. Titularposten einerseits und solche Chargen, die reale Funktionen ausübten, andererseits. Die verschiedenen Mitglieder der kaiserlichen Familie hatten jeweils einen

fallen wolle, da denn die letztere von Sr. Kayserlichen Majestät nicht allein nicht zugelassen, sondern auch das Anbringen mit der allergnädigsten Aufmerksamkeit und mit erstaunenswürdiger Leutseligkeit angehöret und beantwortet wird … Wenn man den Zutritt zu Sr. Kayserlichen Majestät gehabt hat …, stellen sich bald darauf deren Bedienten ein, um ihre Glückwünsche zu den obschwebenden Verrichtungen abzulegen. Hie muß man denn einen Gulden oder Ducaten nicht ansehen, weil man nicht weiß, wozu diese Leute behülflich seyn können. Man pflegt auch wohl

eigenen, wenn auch zum Teil nur kleinen Hofstaat. Insgesamt umfasste der Hof etwas über 2000 Menschen.

Im Verlauf des 18. Jahrhunderts verloren die Hofämter an Bedeutung gegenüber den Staatsämtern, eine striktere Trennung dieser beiden Sphären setzte sich durch, wenn sie auch durchaus noch öfter in Personalunion besetzt blieben. Die Hofhaltung, unter Maria Theresia noch vergleichsweise haushälterisch, verschlang im Jahr rund 1 000 000 Gulden. Die persönlichen Ausgaben Maria Theresias schlugen mit jährlich 153 000 Gulden zu Buche. Der Obersthofmeister bezog im Jahr 1763 12 000 Gulden, dazu 2000 Gulden als Geheimer Rat und aus der Privatkasse der Kaiserin 3000 Gulden. Khevenhüller als Oberstkämmerer erhielt 2500 Gulden, 2000 Gulden als Geheimer Rat und 4000 Gulden Pension (Gnadengabe). Der Hofpoet Metastasio verdiente 3000 Gulden jährlich, die bestbezahlte Sängerin 2000, der Komponist Wagenseil 1500, die Geiger zwischen 300 und 460 Gulden. Eine Kammerdienerin bekam im Schnitt 300 Gulden, der Hausknecht 144 und der Zimmerputzer 180 Gulden.

Von den Amtsinhabern bei Hofe sei noch besonders der Leibarzt der Kaiserin herausgehoben, der Niederländer Gerard van Swieten (1700–1772), der zugleich Präfekt der Hofbibliothek, Präses der medizinischen Fakultät der Wiener Universität, Sanitätschef der Erblande und Präsident der Zensur- und Studienhofkommision war. Wie

29 Gerard van Swieten, mit botanischen Studien beschäftigt. Aquarell nach Karl Lorenz Gindl. Der Leydener wurde 1745 zum Leibarzt Maria Theresias berufen und zum *spiritus rector* der theresianischen Wissenschaftsreform. 1758 wurde er für seine Verdienste in den Reichsfreiherrenstand erhoben.

diese Ämterhäufung anzeigt, erlangte sein Wirken über das
rein Medizinische hinaus für die Reformpolitik wie auch für
die kulturelle Entwicklung in der Donaumonarchie besondere
Bedeutung.

Van Swieten war ein Schüler von Hermann Boerhave, des
Mitbegründers der neuzeitlichen Medizin. Von Maria Theresia zunächst zur Behandlung ihrer schwer kranken Schwester
in Brüssel berufen, gehörte er seit seiner Ankunft in Wien
1745 zu den engsten Vertrauenspersonen der Kaiserin. Im höfischen Umfeld freilich schuf sich der oft ungestüme Aufklärer
durch seine unverblümte Art, mit Empfindlichkeiten hergebrachten Wohlverhaltens umzuspringen, nicht unbedingt
Freunde.

Sowohl die höfische Alltagsroutine als auch – besonders –
die herausgehobenen Ereignisse im Jahreslauf und im Leben
der Kaiserfamilie sowie Veranstaltungen anlässlich wichtiger
Geschehnisse der politischen Zeitläufte unterlagen genauen
Regelungen durch das Zeremoniell. Während der Regierungszeit Maria Theresias und Franz Stephans wurde das strenge
spanische Zeremoniell der habsburgischen Überlieferung durch
das etwas weniger steife französische aufgelockert. Am Prinzip änderte sich aber nichts. Es drückte sich schon in der Ar-
chitektur des Herrschaftssitzes, in diesem Fall also vornehmlich der Hofburg aus, in repräsentativen äußeren Schauseiten
wie auch im Inneren.

Maria Theresia und Franz Stephan bewohnten den ersten
Stock des Leopoldinischen und des Schweizer Traktes. Ihre
jeweiligen Räume lagen aufgereiht nebeneinander und begeg-

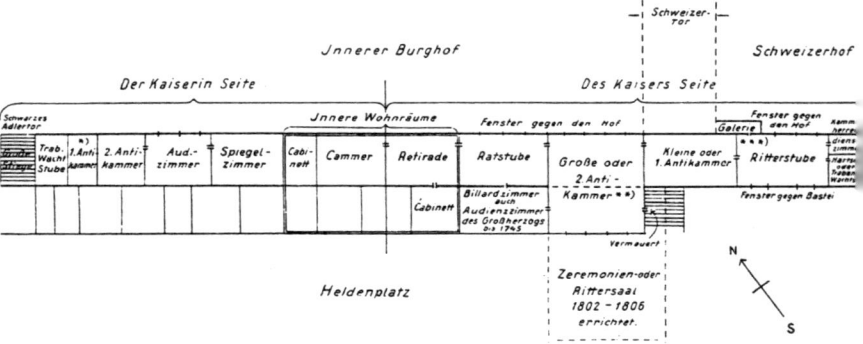

neten sich in den mittleren, den Privaträumen: Das waren
Franz Stephans Billardzimmer, die Retirade, das gemeinsame
Schlafzimmer und ein paar Kabinette. Je näher man an die
Privaträume kam, desto weniger Personen war der Zutritt gestattet. In die außen liegende Ritterstube konnte der ganze
Hofstaat kommen (hier wurden auch die Kinder getauft), der
Anhang der Botschafter und Gesandten (außer Lakaien), »Doc-
tores« und »geringere Adels-Personen«, in die anschließende
so genannte erste Antikammer beispielsweise Edelknaben, Kapellmeister, Kavaliere der Botschafter und Kardinäle, in die
zweite Antikammer Grafen, Freiherren, Prälaten, in die den
Privatgemächern zunächstliegende Ratsstube Botschafter, Kur-
und Reichsfürsten, Chefs der Hofämter, geheime Räte, Kämmerer, Erzbischöfe und Bischöfe. Die Retirade war wenigen
Auserwählten vorbehalten. Gleichzeitig nahm die Ausstattung der Räume zu den inneren Gemächern hin an Kostbar-
keit immer mehr zu.

Das Zeremoniell lässt sich einer ausgefeilten Sprache vergleichen, die um die zentralen Achsen von Rang und Präzedenz
(Vortritt) kreiste und deutliche Anklänge an den liturgischen
Bereich zu erkennen gab, woher es ursprünglich ja stammt.
Elemente dieser Sprache waren Raumaufteilungen, Gruppie-
rungen von Personen (etwa bei Aufzügen oder öffentlicher Tafel), Dramaturgien symbolischer Handlungen, Zutrittsmög-
lichkeiten, Gebärden, Kleidung, Zuweisung von symbolisch
aufgeladenen Objekten.

Nehmen wir etwa das Empfangsritual. Zunächst hatte der
zu Empfangende einen vorgezeichneten Weg zurückgelegt, ein
mächtiges Stiegenhaus, Zimmerfluchten durchschritten. Wie
viel Schritte der Herrscher dem Gast entgegenging, wie er ihn
begrüßte und verabschiedete, welche Sitzgelegenheit er ihm
zuwies – ein Kanapee, einen Stuhl mit oder ohne Rückenleh-

◀ 30 Planschema der Zeremonial-
und Wohnräume des Herrscherehe-
paars im ersten Stock des Leopoldinischen und Schweizer Traktes

ne, mit oder ohne Armlehnen: Das sprach deutlich den Rang aus, den die betreffende Person einnahm.

Die höfische Zeit gliederte sich in alltägliche Abläufe – Empfänge, Audienzen, Mahlzeiten usw. –, in kirchliche Feste und Gottesdienste vielfältigster Art, weltliche Festivitäten und Vergnügungen, Galatage (feierlich hervorgehobene Tage, z. B. Geburts- oder Namenstage der kaiserlichen Familie, an denen besondere Kleidung vorgeschrieben war), Toisonfeste (dem Hausorden vom Goldenen Vlies gewidmet).

Feste und theatralische Veranstaltungen nahmen einen zentralen Platz im höfischen Leben ein, nicht nur, weil sie einer nicht erwerbstätigen Gesellschaftsschicht Amüsement und Kulturgenuss sowie eine tragende Zeitstrukturierung boten. Sie drückten vor allem auch – idealisierend, symbolisch bekräftigend – Wesensmerkmale höfisch-aristokratischer Existenz und absolutistischer Herrschaftsweise aus. Zwei hauptsächliche Gruppen lassen sich unterscheiden: große öffentliche Veranstaltungen, zu denen der gesamte Hofstaat, der hohe und der niedere Adel, die Geistlichkeit, die Botschafter und Gesandten sowie andere bedeutende ausländische Gäste Zutritt hatten, und die so genannten Kammerfeste für einen engen, exklusiven Personenkreis. Das Angebot umfasste mannigfache Formen: Kammermusiken, Komödien, Kavaliers- und Kindertheater, Ballette, Opern, Turniere und Rossballette, Feuerwerke und Illuminationen, (Masken-)Bälle, öffentliche Tafeln, Verkleidungsbankette wie Bauernwirtschaften und anderes mehr. Große Feste – wie etwa Hochzeiten – kombinierten immer eine ganze Reihe solcher Elemente.

Auswahl des Publikums, Verlauf, Sitzordnung etc. waren zumeist streng reglementiert. Die in Zeremonialakten niedergelegten »Regieanweisungen« verhinderten freilich nicht, dass es immer wieder zu Rangstreitigkeiten kam, deren Lösung

Über eine Kammermusik in Schönbrunn am 12. Mai 1744:
Gegen 4 Uhr fuhren die Herrschaften hinaus nach Schönbrunn, allwo gegen 6 Uhr die Kaiserin Frau Mutter auch eingetroffen und einer kleinen Music di camera, so in einigen von denen unlängst aus Dresden angelangten dortigen Capellmeistern Hasse …, seiner Gemahlin, der berühmten Faustina und dem renommirten Tenoristen Amorevole gesungenen Arien bestanden, beigewohnet. Weillen die Music im Spiegl Zimmer gehalten worden, so ware von Männern niemand dann der Kaiserin Obrist Hoff-

31 Einzug der Prinzessin Isabella von Parma in Wien 1760. Gemälde aus der Werkstatt des Martin van Meytens. Der Einzug der Prinzessin, der Braut Josephs II., veranschaulicht die Prachtentfaltung repräsentativer Öffentlichkeit im höfischen Zeitalter.

dem Obersthofmeister eine Menge Geschick und Energie abnötigten. In bürgerlichen Augen konnte die unerhörte Prachtentfaltung und das angestrengte Distinktionsverhalten von Höfen und Adligen leicht – im Verlauf des 18. Jahrhunderts zunehmend – als Hoffart, Hochmut und Verschwendungssucht erscheinen. Will man diese Erscheinungen aber historisch angemessen verstehen, so muss sich der Blick auf die besondere soziale Logik richten, die hier am Werk war. Demonstrativer Luxuskonsum und repräsentative Öffentlichkeit bezeichnen ihre Kernpunkte. Sinnfällige, zeremonielle Demonstration sozialer Überlegenheit, gekleidet in symbolisch-

meister Graff Königsegg und Music Director Graff Losi im Zimmer zugegen; es wurden aber auch von Weibern sehr wenige und zwar nur die beiden Obrist Hoffmeisterinnen Gräffinnen Paar und Fuchsin, nebst dieser lezteren zweien Töchtern und die Fürstinnen von Lobkowitz und Lamberg admittiret und die Thür des Spiegl Zimmers sofort zugeschlossen. Aus besonderer Gnad erlaubten I. M. dem Fürsten von Auersperg und mir, das wir aus dem an das Spiegl Zimmer anstossenden grünen Cabinet der Music zuhören dörffen. *Aus dem Tagebuch des Grafen J. J. Khevenhüller-Metsch*

sakrale Gewandung, bildete für die ständische Gesellschaft das Medium, soziale Ungleichheit zu legitimieren. Sie war substantiell darauf angewiesen, die durch Geburt weitgehend vorbestimmten Positionsabstufungen in dieser plastischen Weise vor Augen zu führen, damit sie als schlechthin gottgewollt und unhinterfragbar erscheinen konnten. Status musste augenfällig demonstriert und permanent aktiv behauptet werden, sonst hätte er nicht existiert.

Am aufwändigsten machte sich dieses Prinzip im Repräsentationsaufgebot des Herrschers »von Gottes Gnaden« geltend. Gelegenheiten, bei denen die Untertanen Kaiserin und Kaiser im Sinne dieser repräsentativen Öffentlichkeit mit großem Gefolge zu Gesicht bekamen, waren Hofreisen und Stadteinzüge, die vielen »Ausfahrten« zu Kirchen und Klöstern, Prozessionen an Fronleichnam oder an Marienfesten, etwa zur Pestsäule am Graben oder zur Mariensäule am Hof in Wien. Außerhalb der Haupt- und Residenzstadt hielt sich die Präsenz der Kaiserin allerdings sehr in Grenzen. Sie liebte das Reisen nicht, auch wegen seiner Kostspieligkeit.

Aufstellung des festlichen Zuges beim Einzug in die Stadt Prag anlässlich der Königskrönung 1743:
1. Mehrere Kompanien des Caraffischen Kürassierregiments. 2. Kompanien der Kleinen Stadt Prag. 3. Kompanien der Neustadt Prag. 4. Kompanien der Altstadt Prag. 5. Vier königliche Einspännige zu Pferd in neuen Livreen. 6. Reitknechte des böhmischen Adels, der Landesämter und der Minister. 7. Herrschaftliche Pagen, Aufwärter ... 8. Königliche Berittene mit einem Sattelknecht in roten mit Gold verbrämten Kleidern, königliche Handpferde, jedes von einem Reitknecht geführt. 9. Königliche Trompeter und Pauker zu Pferd. 10. Hoffouriere. 11. Böhmische Kavaliere des Ritter- und Herrenstandes, königliche Kämmerer zu Pferd. 12. Die vornehmsten Landesämter Böhmens und die königlichen Geheimen Räte zu Pferd. 13. Obersthofmeister der Königin zu Pferd. 14. Drei Herolde in ihren Zeremonienkleidern zu Pferd. 15. Der Obersthofmarschall mit unbedecktem Haupt und bloßem Schwert vor dem Leibwagen reitend. 16. Maria Theresia in einem kostbaren sechsspännigen Leibwagen, Franz Stephan an ihrer Linken, Läufer, Heuducken, Sesselträger und Lakaien begleiteten den Wagen zu beiden Seiten. 17. Oberststallmeister, Oberstkämmerer und Hauptmann der Leibgarde in prächtiger Campagne-Gala zu Pferd. 18. Königliche Edelknaben zu Pferd mit ihrem Hofmeister und einem Sattelknecht. 19. Hartschieren-Leibgarde mit ihren Trompetern und Paukern in neuen Monturen mit entblößtem Seitengewehr. 20. Die leeren königlichen Reisewagen. 21. Obersthofmeisterin, Kammerfräulein und Hofdamen in sechsspännigen Hofwagen. 22. Kompanien des Caraffischen Kürassierregiments. *M. Kollreider, ›Hofreisen Maria Theresias‹, 1965*

Wirft man einen Blick auf den periodisch erscheinenden
»Kayser-Königlichen Hof- und Ehren-Calender«, so wird in der
gedrängten Folge kirchlicher Ereignisse besonders deutlich,
wie Gottesgnadentum sich zeremoniell äußerte. Nehmen wir
als Beispiel den Februar 1746: »Den 1. diß in der Hof-Capellen
Toison-Vesper; und den 2. Vormittag in der Hof-Kirchen deren P. P. Augustinern Barfüssern die Kertzen-Weihung, Umgang und Hoch-Amt in Beyseyn des Kayserlichen Hofs. Den
23. Toison-Vesper und den 24. Vormittags Toison-Fest in der
Hof-Capellen. Gewöhnliche Andachten und Solennitäten: Den
2. wird Nachmittag in der Kirchen des Profeß-Hauß Soc. Jesu
die Vesper, wie auch auf dem Hof bey der Marianischen Eh-
ren-Saulen die Litaney in Beyseyn Ihrer Kayserlichen Majestäten gehalten. Den 6. Vormittags pflegen Ihre Kayserliche
Majestäten in dem Stift … zu St. Dorothe dem Gottes-Dienst
beyzuwohnen. Den 8. ist das Fest bey denen P. P. Trinitariern
in der Alster-Gassen, und
pflegen Ihre Kayserliche Majestäten sich dahin zu verfü-
gen. Den 9. das Fest in der
Hof-Kirche in Gegenwart Ihrer kayserl. Majestäten, allwo
auch ein Zahn von der heiligen Jungfrauen und Martyrin
Apolonia aus der Kayserl.
Geistlichen Schatz-Cammer zu
küssen gegeben wird. Anno
1736 den 12. Februarii ware
allhier die Höchste Vermählung Ihrer Kayserl. Majestät
unserer Allergnädigsten Frau-
en mit Ihro Majestät dem der-

32 Prozession über den Graben.
Tuschzeichnung von Salomon Meiner. »Die kaiserlichen Majestäten
und die kaiserliche Familie mit allen
Damen und einigen Ministern nahmen auf einer Tribüne Platz, gerade
vor dem Haus, in dem ich mich be-
fand. Nach dem Segen bewegte sich
der Baldachin, getragen von zwei
jungen Grafen Kaunitz …, weiter.
Ihm folgte der Nuntius, der Kaiser
und die Kaiserin, alle mit Kerzen in
den Händen … Ein Bataillon des
Regiments … beschloß die Prozession, die sich in die St. Stefanskirche
begab.« (Aus den Tagebüchern des
Grafen Karl von Zinzendorf,
21. Mai 1761)

mahligen Römischen Kayser. Den 12. das Fest in der Kayserl.
Hof-Capellen. Den 20. pflegen Ihre Kayserliche Majestäten in
der Kirchen des Profeß-Hauß der Gesellschaft Jesu der Andacht
des drey-tägigen 40stündigen Gebetts abzuwarten« usw.

Unmittelbar tritt die enge Verbundenheit des Herrscherhauses mit der Kirche hervor, im Besonderen mit den ver-
dienten Orden der Gegenreformation. Herausgehobene Elemente der *Pietas Austriaca* waren seit Gegenreformation und
Türkenabwehr die Dreifaltigkeits- und Marienverehrung. So
wie die Herrscher Schutzherren der Kirche waren, so bildete
diese eine tragende Säule christlichen Regiments. Die Prozessionen zu den religiösen Denkmälern der Stadt, wobei das
Kaiserpaar demütig zu Fuß ging, veranschaulichten diese
Verbundenheit in öffentlich-ritueller Weise.

Das Zeremoniell hüllte die Herrschenden in eine Aura des
Außeralltäglichen, Zeitenthobenen, näherte sie der göttlichen
Sphäre an. Maria Theresia nahm die zeremonielle Über-
höhung des Herrscheramtes durchaus ernst. Sie verfügte jedoch über das glückliche Naturell, in beherzter und frischer
Weise damit umzugehen. Das passte in die Zeit, die dem allzu
Steifen, Pathetisch-Pomphaften des Barockzeitalters nicht mehr
geneigt war. Die Kaiserin gehörte einer Generation an, die
das Bedürfnis nach gewissen privaten Rückzugsmöglichkei-
ten zu spüren begann.

Absolutistisches Staatsleben und Reformen

Was an innerer Schwäche der Monarchie bereits am Ende der Regentschaft Karls VI. und dann im Erbfolgekrieg zutage trat, verlangte schleunige und durchgreifende Remedur, wenn das Haus Österreich weiterhin ein gewichtiges Wort im Konzert der Mächte mitreden wollte – wobei sich aus der geschichtlichen Distanz heraus allerdings die Frage stellt, ob die Großmachtrolle mit den ständigen kostspieligen Kriegen nicht objektiv das Habsburgerreich überforderte. Staatsverwaltung, Staatsfinanzen und Heerwesen waren die Ansatzpunkte, an denen die Kaiserin zuvörderst den Hebel ansetzte.

Planziel war die Unterhaltung eines stehenden Heeres von 108 000 Mann, wofür die entsprechenden Steuermittel aufzubringen waren. Nichts beleuchtete die Mängel des Staatsgetriebes so eklatant wie der Fall Schlesiens, aus dem Preußen kurz nach der Besetzung ungleich höhere Erträge herauszuwirtschaften vermochte als die angestammte Besitzerin. Als Maria Theresia versuchte, zwei Kavallerieregimenter mehr in die gefährdete Provinz zu legen, scholl ihr die vehemente Klage der Stände entgegen, unmöglich die Verpflegung für die Soldaten aufbringen zu können. Der preußische König hingegen unterhielt seine ganze Armee in dem Land, ohne dass es zusammengebrochen wäre.

Maria Theresia war entschlossen, aus solchen Erfahrungen die Lehren zu ziehen. Das konnte freilich nicht ohne Widerstände abgehen. Denn anders, als der Epochenbegriff Absolutismus suggerieren mag, ist die Regierung der Habsburger – genauso wie der anderen Potentaten – keineswegs ohne wei-

33 Maria Theresia. Kolorierter Kupferstich von Petit, 1743, nach einem Gemälde von Martin van Meytens

teres als »unumschränkte Herrschaft« zu charakterisieren. Der Tendenz nach zielt die Absolutheitsvokabel durchaus auf etwas Wesentliches, besonders was das herrscherliche Selbstverständnis angeht: Beim Fürsten sollte sich alle Macht im Staate, über die verschiedenen Zwischengewalten hinweg, konzentrieren. Seine Person umgab zudem die sakrale Aura des Gottesgnadentums.

Tatsächlich setzten im Ideologischen das göttliche und natürliche Recht und in der politischen Realität das Ständewesen und die administrativen bzw. ökonomischen Ressourcen der absoluten Macht Grenzen. Der Länder- und Ständepartikularismus war es nun eben, der für die »Strukturschwäche« der Habsburgermonarchie in besonderem Maße verantwortlich zu machen ist, gerade auch im Vergleich mit dem preußischen Antipoden. Vornehmlich der Adel bildete einen bedeutenden Machtfaktor, und das auf drei Ebenen: auf der lokalen als Grundherrschaft, auf der Länderebene als Standesherrschaft, und selbst auf der Ebene der für die einzelnen Länder zuständigen Zentralbehörden, der Hofkanzleien, führten die Behördenchefs nicht bloß die Willensäußerungen ihres Regenten aus, sondern vertraten auch die Interessen »ihrer« Länder, das heißt vor allem ihrer adligen Standesgenossen.

Als Grundherren geboten die Adligen über ein eigenes kleines Reich. Sie übten polizeiliche und judikative Befugnisse über ihre bäuerlichen Grundholden aus, waren berechtigt, von ihnen Dienste und Abgaben einzufordern und sie an die Scholle zu binden. Wegzug und selbst Verheiratung unterlagen ihrer obrigkeitlichen Genehmigung. Die ständische »Mitregierung« vollzog sich vor allem über die Landtage und die ständischen Verwaltungsämter. Mit Demokratie im heutigen Sinne hatte das wenig zu tun. Die Landtage gliederten sich in der Regel in vier Kurien: Prälaten (hohe Geistlichkeit), Herren (hoher Adel), Ritter (niederer Adel) sowie landesfürstliche Städte und Märkte. Dem bürgerlichen Element – symptomatisch für eine weitere »Strukturschwäche« der Habsburgermonarchie – eignete dabei fast durchweg nur eine mindere Berechtigung. Die bäuerliche Bevölkerung war überhaupt nicht vertreten, wenn man von den »Gerichten« in Tirol einmal absieht.

Wichtigste Funktion der Landtage war die Steuerbewilligung, genauer: die Bewilligung des »Contributionale«. Die Einkünfte des Staates gliederten sich nämlich in zwei große Gruppen: das »Camerale«, das vor allem aus den Domänen, dem Berg- und Salzregal, aus Zöllen und Verbrauchssteuern floss und für Hof und innere Verwaltung bestimmt war, und das »Contributionale«, in der Hauptsache eine Grund- und Gebäudesteuer, aus der sich der Militär-Etat speiste. Der reichte freilich nur für den Unterhalt der Armee in Friedenszeiten, für die Kriegführung bedurfte es der Ausschreibung von Sondersteuern.

Trotz alledem und trotz ausländischer Hilfsgelder (Subsidien, vor allem von England), reichte das Finanzaufkommen niemals hin; die Staatsschuld wuchs unaufhörlich. 1739 betrug sie 99 Millionen Gulden, 1765 – nach dem Siebenjährigen Krieg – belief sie sich auf 275 Millionen Gulden, und um 1800 lag sie bei 605 Millionen Gulden. Dazu kam, dass alle die genannten

◄ 34 Preußens König Friedrich II. überwacht den Kartoffelanbau. Gemälde von Robert Warthmüller, 1886. Die Nutzung des Landes sowie dessen Verwaltung waren im 18. Jahrhundert ein gesamteuropäisches Problem, dem man sich auf unterschiedliche Weise näherte. Friedrich der Große reformierte seine Verwaltung rigide und kümmerte sich zum Teil persönlich um die Einführung neuer landwirtschaftlicher Techniken und Anbaumethoden. Gerade die Situation der Landbevölkerung war eine der zentralen Triebfedern für die Französische Revolution, die neun Jahre nach dem Tod Maria Theresias ausbrach.

Einkünfte nach Besteuerungsobjekt, Erhebungsmodus und Bemessungsgrundlage in den einzelnen Ländern eine solche Vielfalt aufwiesen, dass selbst die Finanzbeamten der Wiener Zentrale in diesem Dickicht kaum noch durchfanden. Die Landstände bewilligten die Kontribution nicht nur – in der Regel jährlich –, ihnen oblag auch deren Einziehung und Verwaltung, wie es überhaupt eine nicht unerhebliche, völlig selbstständige landständische Verwaltung gab, zu der auch Chargen wie etwa Kriegskommissäre, Prediger, Ärzte, Hebammen, Lehrer und Sicherheitsorgane gehörten. Es versteht sich, dass landesfürstliche Steuerforderungen stets ein hartnäckiges Feilschen im Gefolge hatten.

Außer bei der Einziehung der Steuer spielten die Landstände auch bei deren Ausgabe eine wesentliche Rolle: namentlich bei der Aushebung und Unterhaltung der Truppen. Teilweise leiteten sie die Erträge gar nicht erst nach Wien weiter, sondern schlossen direkt mit den Regimentern ab. Möglichst wenig Mittel sollten aus dem jeweiligen Land abfließen. Hinzu kamen Naturalleistungen für Ausrüstung, Verpflegung und Einquartierung der Truppen. Man darf sich den Staat der Habsburger also nicht in unserem gewohnten Sinn als ein hierarchisch gegliedertes System mit durchgehenden Steuerungsimpulsen vorstellen, das auf der untersten Ebene schließlich den einzelnen Staatsbürger erreichte. Eher stellte er sich als ein Zusammenspiel ständischer und fürstlicher Machtsphären dar, mit Zwittergebilden, Kompetenzenwirrwarr, Rivalität der Minister und – so sahen es die Reformer – gelähmt durch himmelschreienden Schlendrian. Der Tradition dagegen erschien dies eine vernünftige, ausgewogene, harmonische Konstruktion ohne freiheitsbeschneidendes Übergewicht einer Zentralgewalt.

In einer Zeit, in der die Staaten von weit reichenden Modernisierungsprozessen ergriffen wurden, geriet ein solcher Tradi-

Maria Theresia in ihrem »politischen Testament« zu Grundintentionen ihres Reformwerks:
Solchem nach wurde bewogen in reifer Überlegung, welchergestalten das vormalige Übel, so meiner Monarchie zugezogen worden, hauptsächlich darinnen beruhet, daß jeder Minister und Hofstelle sich jederzeit begnüget, den advocatum und protectorem des ihm anvertrauten Landes abzugeben, hierbei aber sowohl das allgemeine Beste und landesfürstliche In-

tionalismus freilich ins Hintertreffen. Die Bemühungen Maria Theresias gingen denn auch dahin, die Zentralgewalt gegen den Länder- und Ständepartikularismus zu stärken, vor allem im Dienste einer erhöhten, staatlich kontrollierten Steuerabschöpfung. Parallel dazu galt das Augenmerk einer Verbesserung des Heerwesens. Insgesamt kann man drei Phasen oder Schübe der theresianischen Reformbestrebungen erkennen. Die beiden ersten verbinden sich mit dem Ende des Österreichischen Erbfolgekrieges bzw. des Siebenjährigen Krieges und sollten die administrativen, finanziellen und militärischen Ressourcen der Monarchie mobilisieren und von traditionellen Hemmnissen befreien. Der dritte Schub, in den 1770er Jahren, greift weiter aus und betrifft grundlegende Strukturbereiche von Gesellschaft und Kultur: ländliche Sozialverhältnisse, Recht, Religion und Bildung.

Anders als ihr – man möchte sagen: überambitionierter – Nachfolger Joseph II. betrieb Maria Theresia die Reformarbeit eher pragmatisch und in dem Maße, wie sie es für erforderlich hielt, um den gewandelten Ansprüchen der Gegenwart zu genügen. Ungarn fiel aus dem Reformwerk weitgehend heraus; hier gebot die herkömmliche Sonderstellung wie die gewährte Hilfeleistung für den Erhalt der Monarchie strengste Rücksichtnahme. In solchen Bastionen des Hergebrachten lag genauso wie in den zentralisierenden Modernisierungsmaßnahmen eine Hypothek für die Zukunft begründet. Das wurde zum spezifischen Dilemma des habsburgischen Vielvölkerreiches, wie es im bürgerlich-nationalen Zeitalter in aller Schärfe hervorbrechen und im Ersten Weltkrieg zum Auseinanderfallen der Monarchie führen sollte.

Die Staatsreform nach dem Österreichischen Erbfolgekrieg verbindet sich mit dem Namen des Grafen Friedrich Wilhelm Haugwitz (1702–1765), eines sächsischen Offizierssohnes, der

teresse öfters lau tractieret worden, als auch die Last wider Billigkeit auf andere Länder zu wälzen, hiernächst aber das Camerale dermaßen zu discreditieren, daß solches zum Nutzen des Dienstes und des gemeinen Wesens gar nichts mehr wirken können, ... sotane verderbliche Verfassung sowohl hier als in denen Ländern gänzlichen abzuändern, mithin eine neue Einrichtung, welche die Stabilierung der systematischen Ordnung zum Grunde hat, festzustellen.

1725 in Schlesien in den österreichischen Verwaltungsdienst getreten war. Er blieb der Kaiserin nach dem Verlust Schlesiens als Verwaltungsmann im österreichisch gebliebenen Teil treu. Dort konnte er die preußische Verwaltungskunst aus nächster Nähe studieren und seinen kleinen Zuständigkeitsbereich als Experimentierfeld für die Reform im Großen benutzen, deren Plan er seiner Herrin in verschiedenen Denkschriften vortrug. Die Kaiserin fasste größtes Vertrauen zu ihm und zeigte sich entschlossen, die Prinzipien seiner Reformgedanken gegen alle Widerstände durchzufechten.

Die 1747/1748 anlaufende Reform umfasste im Wesentlichen drei Bestandteile: eine Vereinbarung mit den Ständen über eine längerfristige Steuerbewilligung, die Umstrukturierung der Zentralbehörden und den Aufbau eines administrativen Unterbaus auf der mittleren und unteren Ebene, die eine Kontrolle der ständischen Steuerverwaltung erlaubte, sowie schließlich eine neue Steuerverfassung (Rektifikation), die insbesondere

auch die Steuerfreiheit des Adels und der Geistlichkeit beendete. Nach diversen Vorarbeiten wurde das Reformwerk mit dem denkwürdigen Kronrat vom 29. Januar 1748 gewissermaßen eingeläutet, in dem die Position der landständischen Autonomie und die der zentralisierenden Reform aufeinanderprallten: namentlich in der Gestalt des Grafen Haugwitz und des böhmischen Hofkanzlers Graf Harrach.

35 Graf Friedrich Wilhelm von Haugwitz (1702–1765). Gemälde von Michael Millitz, 1763. Nachdem sich Haugwitz 1742 als Präsident der zentralen Landesverwaltung in Restschlesien, wo er nach den Grundsätzen des Kameralismus die Verwaltung und Finanzverfassung neu ordnete, sehr verdient gemacht hatte, sollte er als Chef der Hofdeputation die Organisierung der Central-Hofstellen unternehmen und wurde dann als Leiter des Directoriums zum bedeutendsten Reorganisator der österreichischen Staatsverwaltung.

Dieser trat mit einem Haugwitz diametral entgegengesetzten Projekt auf: Er wollte gerade die Finanzhoheit der Länder ausbauen und versprach sich davon größere Effizienz, als wenn die Steuerverwaltung in landesfürstliche Hände gelegt würde. Dieses scheinbar verblüffende Konzept wird heute nicht mehr so eindeutig abgewertet; in ihm lagen immerhin Gedanken föderaler Subsidiarität begründet, die man gerade im Hinblick auf das weitere Geschick der Donaumonarchie nicht ohne weiteres vom Tisch wischen mag. Jedenfalls schlug der Kaiserin zu ihrem Verdruss von Seiten der Hochbürokratie ziemlich einhellige Ablehnung entgegen, was nicht verwundert, wenn man deren Verankerung im landständischen Adel bedenkt. Empört vermerkte sie unter dem Protokoll: »Placet, und ist diese Sache nur allzuwahr also abgelofen; in 50 Jahren wird man nicht glauben, daß dieses meine Ministre waren, die von mir allein creirt worden.«

Die Landtage gaben zumeist der Forderung der Landesmutter nach, eine erhöhte Kontribution auf einen längeren Zeitraum, möglichst zehn Jahre, zu gewähren (Dezennalrezesse), damit eine effizientere Etatplanung möglich würde. Im Gegenzug entfielen die bisherigen Naturalleistungen der Stände für das Heerwesen, ausgenommen die Einquartierungslast; ihren eigenen Verwaltungsbedürfnissen wurde durch die Zuweisung bestimmter Steuermittel entsprochen. In der Steiermark und in Krain kamen zunächst nur Rezesse auf drei Jahre zustande, und die »garstigen Tiroler« wollten nur für ein Jahr eine wenig erhöhte Kontributionssumme zugestehen. Der Landtag von Kärnten sperrte sich gänzlich. Maria Theresia scheute sich nicht, in diesem Ausnahmefall zum letzten Mittel zu greifen und ihm die Steuerverwaltung *jure regio* einfach aus der Hand zu nehmen.

Die Rektifikation bezweckte eine neue, gerechtere Bemessungsgrundlage für die Steuerleistung. Geistlicher und adliger

36 Friedrich Graf Harrach (1696–1749). Kupferstich von Franz Leopold Schmitner, 1750. Harrach war als Reichshofrat wiederholt Gesandter am Reichstag und in anderen Missionen. Nach dem Tod der Erzherzogin Elisabeth wurde er Interimsstatthalter in den österreichischen Niederlanden, dann Oberstkanzler von Böhmen. Er unterzeichnete als diplomatischer Berater Herzog Karls von Lothringen den Frieden von Dresden.

Grundbesitz sollten künftig in die Steuerpflicht genommen werden (das galt, um noch einmal darauf hinzuweisen, nicht für die ungarische Adelsnation). Allerdings genoss der grundherrliche Eigenbesitz (Dominikalland) gegenüber dem bäuerlichen Grund und Boden (Rustikalland) eine Vorzugsstellung, so dass ein Drittel der Steuerlast auf den Grundherrn, zwei Drittel aber auf den Untertan entfielen. Neue Verzeichnisse brachten die revidierte Bemessungsgrundlage zur Geltung, die vor allem auf Grundgröße, Ertragskraft und Schätzwert von Häusern abstellte, und zwar auf der Basis der Selbsteinschätzung (daher der Begriff »Fassionen«). Das Steuerwesen wurde außerdem hinsichtlich einer Einkommensteuer sowie hinsichtlich der indirekten Steuern fortgebildet. Der Luxusverbrauch des Adels wurde durch erhöhte Steuer- und Zollsätze getroffen.

Die Umgestaltung der Verwaltungsstruktur stellte sich – grob skizziert – folgendermaßen dar: An der Spitze wurde ein *Directorium in publicis et cameralibus* errichtet mit Haugwitz als Präsidenten. Der Name drückte aus, dass nunmehr innenpolitische und finanzpolitische Angelegenheiten in einer einzigen großen Innenbehörde zusammengefasst waren. In ihr gingen die österreichische und die böhmische Hofkanzlei auf. Darin lag noch ein weiteres wichtiges Signal: die engere Zusammenbindung von deutschen Erbländern und Böhmen zu einem habsburgischen Kernstaat. Der ehemaligen Finanzbehörde, der Hofkammer, blieb nur noch die Besorgung der habsburgischen Familiengelder sowie des Camerales Ungarns und des Reiches.

Einen Unterbau fand die Staatsbürokratie auf der mittleren, der Länderebene, in den *Repräsentationen und Kammern*: ein Instanzenzug, der ziemlich genau die preußischen Verhältnisse mit Generaldirektorium und Kriegs- und Domänenkammern kopierte. Wieder signalisiert der Doppelname die Verbindung von Repräsentation des Landesherrn in allen politischen Sa-

---

Haugwitz nahm in den Folgejahren noch das Generalkriegskommissariat (zuständig für Rekrutierung, inneren Dienst, Marschwesen, Sachbestände, militärisches Rechnungswesen etc.), das Kommerziendirektorium und andere Stellen in seine Superbehörde auf. Damit hatte er sich aber entschieden übernommen, wie vor allem im Siebenjährigen Krieg deutlich wurde, der dann Anlass für erneute Umstrukturierungen gab.

chen mit der Verwaltung des Kammergutes. Es waren rein monarchische Behörden, in denen die Stände nichts zu sagen hatten; sie waren befugt, die ständische Verwaltung des Contributionale unmittelbar zu beaufsichtigen. Abgeschlossen wurde der Instanzenzug nach unten durch die Kreisämter, eine (von einer Vorform in Böhmen abgesehen) ganz neue Einrichtung, die wegen der ebenfalls von den Ständen unabhängigen Kreishauptleute an ihrer Spitze den preußischen Verwaltungsaufbau sogar übertraf.

Zum ersten Mal drang der habsburgische Staat, jedenfalls der Absicht nach, bis zum einzelnen Untertanen durch. Den Kreisämtern kam die Aufsicht über die Grundherrschaften und die Magistrate der Städte und Märkte zu. Um die bäuerlichen Untertanen kontributionsfähig zu halten, sollten die Kreisämter ein wachsames Auge auf Bedrückungen durch die Grundherren haben und gegebenenfalls schon im Ansatz eingreifen. Davon abgesehen hatten sie sich um alles und jedes zu kümmern: Sie sollten den ordentlichen und reibungslosen Durchmarsch und Aufenthalt der k. k. Armee organisieren, säumige Steuerzahler zur Räson bringen, Pfarren und Religionsausübung beaufsichtigen, Aberglauben abstellen, Überlegungen zur Verbesserung von Handel und Wandel anstellen, die allgemeine Sicherheit gewährleisten, Bürgermeister- und Richterwahlen beaufsichtigen, Lebensmittelpreise und -qualität kontrollieren und anderes mehr. Die Justizangelegenheiten, traditionell in die Verwaltung integriert, wurden auf der Zentralebene in eine Oberste Justizstelle ausgegliedert, auf der Mittelinstanz den bestehenden Regierungen bzw. Landeshauptmannschaften zugewiesen, die auf diese Weise zu reinen Justizstellen wurden.

Die Trennung der Rechtsprechung von der Verwaltung erfolgte nicht mit dem Ziel einer demokratischen Gewaltentei-

... anerwogen solche [Verwaltungsreform] dem Landesfürsten die Gelegenheit verschaffet, die wahre Kenntnüß von der Beschaffenheit seiner Länder sich selbsten beizulegen, deren Gravamina zu erörtern und zu examinieren, mithin einen justizmäßigen, gottgefälligen Fürgang zwischen Obrigkeiten und Untertanen zu befördern, fürnehmlich aber ein wachtsames Auge zu führen, damit die Armen und besonders die Untertanen von denen Reichen und Obrigkeiten nicht unterdruckt werden.

Aus dem »politischen Testament« Maria Theresias

lung, sondern aus praktischen Gründen, weil die Justizsachen erfahrungsgemäß über Jahre und Jahrzehnte liegen bleiben konnten. Traditionell bestand die – in unseren Augen absonderliche – Vorstellung, dass Verwaltungsstellen zu ihrer vollen Handlungsfähigkeit auch mit rechtsprechenden Kompetenzen ausgestattet sein müssten. Das hing nicht zuletzt mit der Schwerfälligkeit der Rechtspflege zusammen, die im Falle ihrer Eigenständigkeit die Verwaltung zu blockieren drohte, was dann auch eintrat. Anders als in Preußen entschied sich Maria Theresia jedoch dafür, bei einer strengeren Trennung zu bleiben, also für eine Lösung, die unserer Verwaltungsgerichtsbarkeit nahe kommt: Sie ließ beim Direktorium wie bei den Länderkammern im Zuge der erneuten Reorganisation der sechziger Jahre eigene Senate für Streitsachen einrichten.

Bei der Reform des Behördenwesens blieben die Staatskanzlei für die gesamte Außenpolitik und die Ministerialbancodeputation für das staatliche Kreditwesen unverändert bestehen. Ungarn sowie die niederländischen und italienischen Außengebiete behielten ihren Sonderstatus. Die Kunst einer Verwaltungsgliederung besteht darin, die Abläufe in der Realität möglichst effizient durch Abläufe in der Verwaltung zu spiegeln und die Kompetenzen der unterschiedlichen Stellen so abzustecken, dass sie sich möglichst wenig in die Quere kommen. Das war – zumal bei den notorischen Eifersüchteleien und Rangstreitigkeiten – keine Kleinigkeit, und die gefundenen Lösungen gerieten denn auch bald wieder in Fluss. Für die Anhänger der traditionellen Verhältnisse war das Ganze schon mehr als genug: Sie verschrien die Neuerungen als Revolution und suchten sie nach Kräften zu torpedieren. Haugwitz avancierte zu einem der bestgehassten Männer in der Monarchie.

In einem weiteren Zusammenhang mit der Verwaltungsreform muss die Gründung des Collegium Theresianum 1746,

37 Das Theresianum aus der Vogelperspektive. Federzeichnung eines unbekannten Künstlers, um 1775 ▶

einer semiuniversitären Verwaltungsfachschule, gesehen werden. Es wurde im ehemaligen Lustschloss der Eltern Maria Theresias, der neuen Favorita auf der Wieden, untergebracht und von Jesuiten geleitet. Hier sollte die künftige (adlige) Verwaltungselite eine Kompaktausbildung von den Elementen über die Sprachen bis zu den Staats- und Kameralwissenschaften sowie dem Völkerrecht erhalten und damit in der Lage sein, die erhöhten Ansprüche der theresianischen Administration zu erfüllen. Dem Theresianum trat 1749 ein ähnliches privates Institut zur Seite, die Savoyische Ritterakademie, die 1776 bzw. 1778 mit ersterem weitgehend zusammengeführt wurde. 1754 entstand für den außenpolitischen Dienst noch eine eigene Lehranstalt, die so genannte Akademie der Orientalischen Sprachen (Orientalische Akademie).

Glanz und Ehre ihres Hauses verbanden sich für Maria Theresia wesentlich mit dem Ruhm ihrer Waffen. Um den Zustand der k. k. Armee war es aber, wie sich deutlich genug gezeigt hatte, nicht zum Besten bestellt (mit der Doppelbezeichnung kaiserlich-königlich seit der Kaiserwahl Franz' I. kündigte sich subtil eine Differenzierung an, die für die Zukunft noch folgenreich werden sollte: das Herauswachsen Österreichs aus dem Reichszusammenhang). Wie erwähnt, fiel das Heerwesen herkömmlich in bemerkenswertem Maße in den Zuständigkeitsbereich der Stände. Mit der Steuer- und Behördenreform erfolgte auch in diesem Punkt eine Verlagerung zu Gunsten

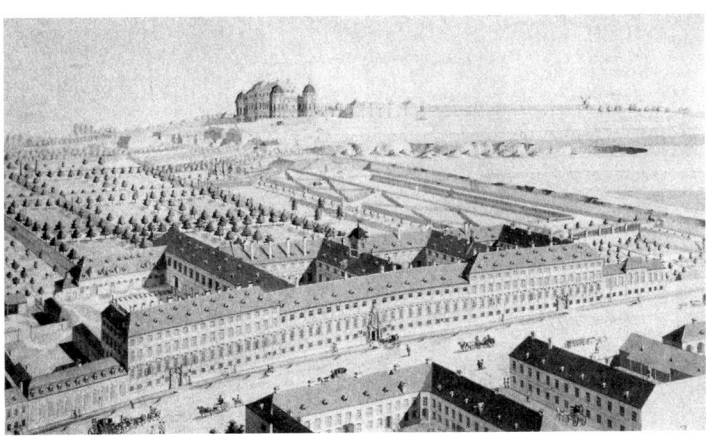

38   Marschall Leopold Graf Daun.
Bleistiftzeichnung, Johann Elias
Ridinger zugeschrieben, 1758

zentralstaatlicher Verantwort-
lichkeit. Als äußerst nachtei-
lig für die Beweglichkeit der
Truppenkörper hatte sich immer wieder die komplizierte
und schwerfällige, stets in die
Wiener Zentrale rückgekop-
pelte Befehlsstruktur erwiesen.
Dagegen war der preußische
König präsenter Oberbefehlshaber; dies verschaffte ihm
einen wichtigen Vorteil.

Daran ließ sich vorderhand
nur begrenzt etwas ändern.
Weiter hatte sich aus der
Landsknechtszeit das Inhabersystem gehalten, wonach Regimenter bestimmten Feudal-
herren persönlich zugehörten. Es herrschte dadurch ein arges
Durcheinander im Reglement. Das konnte sogar zu dem ab-
surden Zwischenfall führen, dass bei einer Übung, die von jeder
Einheit anders ausgeführt wurde, ein General zwischen die
Fronten geriet und den Tod fand.

Das führende Personal zeichnete sich nicht gerade durch
Genialität aus, das Offizierskorps krankte an einem Mangel an
Bildung und initiativer Begabung. Eine Reform an Haupt und
Gliedern tat not. Der Neuformierung des Hofkriegsrates als
oberster Stelle traten Maßnahmen zur Seite, die die Qualität
des Offizierskorps steigern sollten. Für die Heeresreform wurde
Leopold Joseph Graf Daun, was Haugwitz für die Staatsreform
war. Die Inhaberrechte schlichtweg zu kassieren erschien gerade in diesem traditionssensiblen Bereich untunlich. Die Ein-

Leopold Graf Daun (1705–1766),
geboren in Wien, wandte sich von
der ihm bestimmten geistlichen
Laufbahn ab und trat stattdessen
ins Militär ein. Nachdem er in
Sizilien (1718/1719), in Italien und
am Rhein (1738) sowie gegen die
Türken (1739) gekämpft hatte,
wurde er 1745 zum Feldzeugmeister
ernannt. Im gleichen Jahr heiratete
er Maria Theresias Vertraute, die
Gräfin Fuchs. Nach dem Frieden
von Aachen 1748 wurde er Reorganisator der k. k. Armee, stieg
1754 zum Feldmarschall auf und
wurde später Präsident des Hof-
kriegsrats und Mitglied des
Staatsrats.

richtung bot auch Vorteile. Immer wieder waren hochadlige Regimentsinhaber dem permanent klammen Staat mit Mitteln aus der eigenen Tasche beigesprungen. Besser war es also, das Inhabersystem möglichst für die Zwecke der Krone zu vereinnahmen und mit allgemeingültigen Dienstreglements für die nötige Einheitlichkeit zu sorgen.

Kurz nach dem Aachener Frieden arbeitete Daun entsprechende Dienstreglements aus, die, anders als früher, nicht bloß erlassen, sondern auch durchgesetzt wurden. Uniformierung, Ausrüstung, Exerzierweise, Fahnen und Standarten, ja selbst die Haartracht erfuhren eine peinlich genaue Standardisierung. Eine vergleichbare Identifizierung des Adelsstandes mit dem Offiziersdienst wie in Preußen ließ sich in der Habsburgermonarchie nicht durchdrücken. Dennoch sollten sowohl von Hause aus höher gestellte Personen in erhöhtem Umfang für den Offiziersdienst interessiert als auch zusätzliche Personengruppen an ihn herangeführt werden.

Um aber ein qualifizierteres Offizierskorps zu gewinnen, verfolgte man einen zweifachen Weg: Prestigeerhöhung und »Bildungsoffensive«. Zu Solderhöhungen sah man sich dagegen weniger in der Lage. Prestigegewinn versprachen die Möglichkeit der Nobilitierung, die Schaffung eines eigenen Berufsordens – des »Militär-Maria-Theresien-Ordens« –, die korporative Hoffähigkeitserklärung des Offiziersstandes. Die Regentin wünschte eine engere Bindung ihrer Militärs an das Herrscherhaus. Sie ließ sich immer wieder höchstpersönlich bei den Truppen sehen. Als wahre *mater castrorum*, »Mutter der Feldlager«, wollte sie sich aber auch für ihre einfachen Soldaten erweisen, indem sie für ihre ausreichende Versorgung wie gute Behandlung in Friedens- und Kriegszeiten Sorge trug. Dazu gehört etwa ein Prügelverbot aus dem Jahr 1753. Zur Heranziehung eines qualifizierten Offiziersnachwuchses gründete sie

Ein jeder machte ein anderes Manöver in Marche, in exercitio und in allem; einer schüssete geschwind, der andere langsam; die nämliche Wort und Befehle wurden bei einem also, bei dem andern wiederum anders ausgedeutet.

Maria Theresia über die Missstände in ihrer Armee

39   Maria Theresia und Franz Stephan besichtigen die Armee in Heidelberg, 28. September 1745. Gemälde eines unbekannten Künstlers, um 1750

1751 in Wiener Neustadt eine »Cadettenanstalt« mit angeschlossener »Pflanzschule« in Wien, gedacht für Söhne unbemittelter Adliger und bewährter Offiziere. Aus ihr ging die spätere Theresianische Militärakademie hervor.

Allgemein dienten militärische Fachschulen der Weiterbildung, zum Beispiel die Ingenieurschule in Gumpendorf bei Wien. Eine Erhöhung der Schlagkraft gewann das österreichische Heer fernerhin durch die Umwandlung der einigermaßen wildwüchsigen Wehrbauernverbände von der so genannten Militärgrenze in reguläre Truppen (1747). Es handelte sich dabei um eine österreichische Besonderheit im Abwehrkampf gegen die Türken: Grenzmilizen, die von den ansässigen Siedlern im kroatisch-slawonisch-ungarischen Grenzstreifen gebildet wurden. Schließlich sei auf eine wichtige spätere Neuerung hingewiesen, die die Frage der Mannschaftsergänzung betraf: die Umstellung

40, 41   Bilder aus dem Leben der Zöglinge der Theresianischen Militärakademie: links Kavallerie-Unterricht, rechts Eislaufen und Fahnenschwingen. Gouachen von Bernhard Albrecht

des bisherigen Werbesystems auf ein Konskriptionssystem, das seit 1771 anlief.

Wieder einmal lieferte Preußen das Vorbild. Die deutsch-österreichischen Erblande, mit Ausnahme von Tirol und den Vorlanden, wurden in 37 »Werbbezirke« eingeteilt, aus denen die verschiedenen Regimenter ihre Rekrutierung qua Dienstverpflichtung vornahmen. Nun wurde nicht mehr geworben, sondern ausgehoben. Befreit vom Militärdienst waren Geistliche, Adlige, Beamte, *honoratiores*, also vermögende Bürger, ferner alle Leute, die zum Ackerbau, Handwerk, Bergbau, zu Arbeiten für Salzgewinnung, zur Schiffahrt und Fabrikarbeit benötigt wurden. Somit traf es vor allem Tagelöhner, Kleinbürger, besitzlose Bauern, Handlanger und »sonstige müßige Leute«.

Steuerquellen konnten nur ergiebig sprudeln, wenn die wirtschaftliche Tätigkeit im Lande florierte. Sie zu stimulieren war allgemeines Anliegen der absolutistischen Potentaten. Die Wirtschaftskraft der Habsburgermonarchie war durch den Verlust des gewerbereichen Schlesiens hart getroffen worden; das musste nach Möglichkeit durch Umstrukturierungen in Handel und Gewerbe aufgefangen werden. Noch während des Krieges, im Jahr 1746, errichtete Maria Theresia das Universal-Commerz-Directorium als eine ihr direkt unterstehende Staatsbehörde für die Wirtschaftsförderung. Es ging 1753 in Haugwitzens Directorium auf, erlebte aber eine zeitweilige Wiederauferstehung im 1762 errichteten Hofkommerzienrat.

42 Hofkammerpräsident Ludwig Graf Zinzendorf. Lichtdruck eines unbekannten Künstlers nach Schabblatt

Bedeutende Mitarbeiter der Kaiserin waren Graf Rudolf von Chotek als Chef der Hofkanzlei, Ludwig von Zinzendorf als Chef der Hofrechenkammer und Graf Karl Friedrich Anton von Hatzfeld, zunächst Präsident des böhmischen Kommerzienkonsesses, dann Bank- und Hofkammerpräsident. Als wichtiger Berater erwies sich ihr Mann, Franz Stephan, der ein beachtliches Talent in Wirtschaftsdingen entwickelte, sich als Manufakturunternehmer und Finanzier betätigte und den Grund für ein beträchtliches habsburg-lothringisches Familienvermögen legte. Die wirtschaftspolitische Anschauung der Zeit – eine entschieden »interventionistische« – ist unter dem Namen Merkantilismus oder Kameralismus (um besonders die deutsche Spielart zu kennzeichnen) bekannt. In der theresianischen Wirtschaftspolitik kam eine modifizierte, modernisierte Version zum Tragen. Wie der Begriff Kameralismus andeutet, lief alles darauf hinaus, die fürstliche Schatzkammer zu füllen.

Dreh- und Angelpunkt dieser Anschauung bildete eine aktive Handelsbilanz. Eine durch Zollbeschränkungen gedrosselte Einfuhr und eine rege Ausfuhr, die sich vor allem auf die protegierte, staatlich angekurbelte Fertig- und Luxuswarenfabrikation stützte, sollten zusammenspielen und ökonomisch-finanzielle Potenz im Lande halten bzw. anhäufen. Der

Rudolf von Chotek (1707–1771) entstammte einem alten böhmischen Adelsgeschlecht. Nachdem er sich als Statthalter in Böhmen und Präsident der Hofkammer verdient gemacht hatte, wurde er 1765 bis 1771 oberster Kanzler der vereinigten Hofkanzlei in Wien.

Ludwig Friedrich Julius Graf von Zinzendorf (1721–1780), der Neffe des Begründers der Herrnhuter Brüdergemeinde, war seit 1745 österreichischer Kammerherr, ehe ihn Kaunitz als Attaché nach Paris holte. 1753 wurde er Hofrat im Directorium, befasste sich ab 1761 mit der Finanzverwaltung und ar-

Abfluss von Rohmaterialien sollte dagegen möglichst unterbunden werden. Am Ende der Regierungszeit Maria Theresias machten sich vereinzelt physiokratische und freihändlerische Tendenzen bemerkbar.

Das Instrumentarium des Protektionismus reichte bis zu ausdrücklichen Ein- und Ausfuhrverboten. Einfuhrverbote erfolgten immer dann, wenn eine bestimmte Industrieproduktion durch die Gründung einheimischer Produktionsstätten gesichert war und geschützt werden sollte, so etwa 1756 ein Einfuhrverbot für Samtwaren nach der Gründung einer entsprechenden Fabrik in Wien 1751 durch die Franzosen Fleuriet, Tetier und Gautier. Keine Frage, dass diese Verbots- bzw. Schutzzollpolitik entsprechende Gegenreaktionen der Nachbarstaaten hervorrief. So kam es parallel zum Siebenjährigen Krieg auch zu einem Zollkrieg mit Preußen.

Zollpolitik war um diese Zeit aber nicht ausschließlich nach außen gewendet. Die überkommene Eigenständigkeit der einzelnen Länder der Monarchie drückte sich nämlich nicht nur verfassungs- und verwaltungspolitisch aus, sondern auch durch Zollschranken; und innerhalb der Länder setzte sich mit allerlei Aufschlägen, Stück-, Weg-, Brücken-, Wassermauten, städtischen Niederlagsgebühren usw. der Abgabendschungel fort, worunter der Binnenhandel empfindlich zu leiden hatte. Es stellte sich die wichtige wirtschaftspolitische Aufgabe, mit diesen Behinderungen aufzuräumen.

Die Schaffung eines einheitlichen Wirtschaftsraumes stieß aber auf die gleichen Widerstände wie die eines einheitlichen Verwaltungsgebietes: die ständischen Partikularinteressen. Erst im Jahr 1766 konnte eine »Maut- und Zollordnung« für die innerösterreichischen Erbländer erlassen werden; 1775 war es endlich so weit, alle übrigen Länder einschließlich der böhmischen in ein einheitliches Zollgebiet hineinzuführen. Die Schaf-

---

beitete ab 1762 als Generalkontrolleur der Finanzen und Präsident der Hofkammer.

Karl Friedrich Anton Graf von Hatzfeld (1718–1793) schlug als Sohn eines k. k. Geheimrats die Verwaltungslaufbahn ein und wurde 1749 Wirklicher Geheimer Rat,

1761 Credit-Deputations- und Banco-Präsident, 1765 zugleich Hofkammerpräsident. Ihm oblag die Reorganisation der durch den Siebenjährigen Krieg zerrütteten Staatsfinanzen. 1771 übernahm er zudem kurzzeitig auch noch die böhmisch-österreichische Hofkanzlei.

fung dieses Wirtschaftsraumes ohne lästige Binnenzölle und bei Wegfall der meisten Mauten und sonstigen Hemmnisse war vielleicht die größte wirtschaftspolitische Tat Maria Theresias.

Ungarn blieb ein weiteres Mal außen vor. Es erhielt auch einen besonderen Status in den Überlegungen seit 1762 zugewiesen, die auf einen so genannten Universalkommerz abzielten. Auf der Basis einer in diesem Zusammenhang initiierten Gewerbestatistik sollten jedem Land je nach seinen wirtschaftsgeografischen Voraussetzungen bestimmte Produktionszweige schwerpunktmäßig zugeordnet werden. Ungarn fiel dabei die Rolle des Agrarproduzenten zu. So von der industriellen Entwicklung abgehängt zu werden, war den Ungarn nun auch nicht recht. Wenn sich allerdings der Manufakturbestand andernorts stärker massierte, so war das nicht diesen Planspielen zuzuschreiben; ein derartiger Dirigismus blieb den realen Gegebenheiten gegenüber ein Papiertiger.

Die Förderung von Handel und Gewerbe ließ sich die merkantilistische Politik (wie der Name besagt) besonders angelegen sein. Die Manufaktur, diese Vorform der modernen Fabrik mit zentralisierter, arbeitsteiliger Produktion, aber weitgehend ohne Maschinen, war ihr Lieblingskind. Dabei erreichte die Manufakturproduktion gesamtwirtschaftlich gar kein so erhebliches Gewicht. Vom Staat wurde sie mit Privilegien, Monopolen, Vorschüssen gefördert, teilweise auch in die eigene Regie übernommen, so etwa die Wiener Porzellanmanufaktur oder die »Nadelburg« in Lichtenwörth bei Wiener Neustadt. Den Ausfall Schlesiens versuchte man besonders durch großzügigen Ausbau der böhmischen Textil- und Glasindustrie zu kompensieren. Der Außenhandel wurde unter anderem durch die Stärkung des Freihafens Triest gefördert, der bald die alte Handelsmetropole Venedig überflügelte. Im verknöcherten

43 Anbietplatte mit Ansicht Wiens vom Belvedere aus. Wiener Porzellan, um 1780

Zunftwesen wurden einige alte Zöpfe abgeschnitten: Die heimindustrielle Textilerzeugung wurde für zunftfrei erklärt, man führte Qualitätskontrollen ein, taxierte Preise und Löhne, reduzierte Feiertage und verbot den »blauen Montag«. Die Menschen sollten nach und nach die Grundmaxime der neuen Arbeitsära »Zeit ist Geld« verinnerlichen.

Schließlich blieb als letztes Instrument merkantilistischer Förderung des Staatswohles die »Peuplierung«: Eine durch Ansiedlungspolitik angeschobene Bevölkerungsvermehrung brachte mehr Steuerzahler und Landesverteidiger, die Urbarmachung neuer Ackerflächen und damit ein erhöhtes Nahrungsmittelangebot für eine in dieser Zeit ohnehin wachsende Bevölkerung (in den österreichisch-böhmischen Ländern zwischen 1754 und 1780 von 6,2 auf 8,3 Millionen). In der Habsburgermonarchie boten sich dafür besonders ausgedehnte Gebiete im Südosten an. Gegen Ende der 1760er Jahre begann man, im Reich angeworbene Kolonisten schwerpunktmäßig in der Batschka in Südungarn und im Banat von Temeschwar anzusiedeln, wo die Kaiserin selbst in großem Umfang Grundherrin war. Staatlicherseits ausgestattet mit Land, Häusern, Vieh, Gerät und

44 Maria-Theresien-Taler (Levantiner), Vorder- und Rückseite, 1780; Silbermünze, die das Altersbild der Kaiserin mit dem Witwenschleier darstellt und seit 1780 (zuerst in der vorderösterreichischen Münzstätte von Günzburg) geprägt wurde. Aber schon im Jahr 1751 wurden in Wien und in Hall Taler mit dem Bildnis der Kaiserin geprägt. Der Maria-Theresien-Taler blieb in Österreich bis 1858 gesetzliches Zahlungsmittel, wurde aber auch danach geprägt. Er erlangte eine erstaunliche Verbreitung als Handels- und Währungsmünze bis ins 20. Jahrhundert (v. a. im arabischen Raum) und ist bis heute populär geblieben.

Geld, leiteten sie ein erfolgreiches Kolonisationswerk in die Wege.

Maria Theresia war eine Regentin, die sich mit großem Arbeitseifer aller möglichen Materien des Regierungsgeschäfts, oft bis weit ins Detail hinein, annahm. Wenn das auch nicht ganz in dem Umfang wie im überschaubareren Preußen unter Friedrich II. möglich war, so setzt diese persönliche Regierungstätigkeit doch immer wieder in Erstaunen: Hier instruiert sie die Hofkammer, keine 100 Gulden ohne ihre Unterschrift anzuweisen, dort tadelt sie bestimmte Dienststellen wegen Nachlässigkeit und mangelndem Diensteifer. Bald interveniert sie wegen der schlechten Qualität der inländisch erzeugten Stärke und des daraus gewonnenen Haarpuders, bald stellt sie dem Kommerzienkonsess 100 Pfund zum Anbau von Indigo bereit oder weist die Triester Behörden an, jedem, der einen Olivenbaum anpflanzt, 10 Kreuzer zu verabfolgen. Nicht lange, und die Bemühungen um eine Stärkung der Finanz- und Militärkraft der Monarchie sollten einer Bewährungsprobe unterzogen werden.

Der Siebenjährige Krieg

Niemand täuschte sich darüber, dass die Aachener Befriedung der internationalen Verhältnisse einer dauerhaften Grundlage entbehrte. Am vehementesten stemmte sich Maria Theresia dagegen, die geschaffenen Tatsachen zu akzeptieren. In das machtpolitische Anliegen der Rückgewinnung Schlesiens mischte sich bei ihr ein moralisch begründetes Bestrafungsmotiv, dem »bösen Mann« in Potsdam das kränkende Unrecht zu vergelten. Kein Zweifel, dass die innenpolitischen Reformanstrengungen zum guten Teil dieser Ambition dienten.

Als 1756 der Krieg tatsächlich ausbrach, führte das aber über den österreichisch-preußischen Antagonismus hinaus zu dem Resultat, dass die Karten im Spiel der Mächte insgesamt neu gemischt wurden, und zwar nicht nur in Europa, sondern auch in Übersee. Denn der Siebenjährige Krieg (der Dritte Schlesische Krieg) war zugleich ein Weltkrieg. Die alteuropäische Welt begann, aus den Fugen zu geraten. Preußen stieg endgültig zur Großmacht auf. Russland nahm fortan einen maßgeblichen Platz auf dem europäischen Parkett ein. England gewann auf nordamerikanischem Boden das Übergewicht im kolonialen Ringen und ging daraus als Weltführungsmacht hervor.

Am Anfang stand eine »diplomatische Revolution«. Seit 1749 begann die österreichische Außenpolitik, der unzuverlässigen Unterstützung durch England und der Rolle als dessen »Festlanddegen« überdrüssig, ernsthaft auf eine Annäherung an Frankreich zu sinnen, den Erzfeind seit mehr als zweieinhalb Jahrhunderten. Bot sich nicht, nachdem die hergebrachten Ursachen der steten Rivalität ausgeräumt waren,

Das Verhältnis zwischen Frankreich und Habsburg
Seit der habsburgischen »Umklammerung« durch den Zugewinn von Burgund und Spanien bzw. durch die Festsetzung in Oberitalien unter Maximilian I. (1493–1519) bzw. seinen Nachfolgern Karl V. (1519–1556) und Ferdinand I. (1556–1564) manifestierten sich die Spannungen zwischen den beiden Ländern Frankreich und Österreich u. a. in kriegerischen Auseinandersetzungen in Italien, im Dreißigjährigen Krieg, im Zuge der »Reunion« Ludwigs XIV., im spanischen und im österreichischen Erbfolgekrieg sowie im polnischen Thronfolgekrieg.

Österreich als natürlicher Bundesgenosse für ein überseeisch engagiertes Frankreich an, das Entlastung auf dem Kontinent brauchte, dessen Bündnis mit Preußen auf wackligen Beinen stand und dessen traditionelle Partner Schweden und Polen ihre Machtstellung eingebüßt hatten?

Architekt der neuen österreichischen Außenpolitik war Wenzel Anton Graf von Kaunitz-Rietberg. Der Weg des 1711 in Wien geborenen »Chefdiplomaten« aus altem böhmischem Adel führte über den Reichshofrat, ein Ministeramt in Brüssel und diplomatische Missionen, wovon die Vertretung Österreichs bei den Aachener Friedensverhandlungen und eine Pariser Mission 1750 die wichtigsten waren, zur Staatskanzlei (1753). Maria Theresia hatte zeitlebens ihre liebe Not mit dem schwierigen, eitlen, hypochondrischen Staatsmann, der sie öfters mit Demissionsgesuchen zur Verzweiflung brachte, wenn ihm etwas querlief. Auch seine moralische Laxheit und religiöse Gleichgültigkeit waren ganz und gar nicht nach ihrem Sinn. Sie hielt dennoch bis an ihr Lebensende an ihm fest, klug genug zu wissen, was sie an ihm hatte.

Mit ihm setzte sie gegen eine nach wie vor anglophile Gruppierung in der Staatsspitze die neue Konzeption durch. Auch der Gemahl, Kaiser Franz I., blieb der traditionellen Bindung

45 Wenzel Anton Graf von Kaunitz-Rietberg (1711–1794). Radierung von Johann Gottfried Haid, 1755

Ludwig XV. (1715–1774) stand bis 1723 unter der Regentschaft Herzog Philipps von Orléans. 1725 heiratete er Maria Leszczynska, die Tochter des entthronten polnischen Königs Stanislaus I. 1726–1743 lag die Staatsleitung in den Händen Kardinal de Fleurys, 1758–1770 in denen des Herzogs von Choiseul. Der Machtver-

an England verhaftet, plädierte für eine Verbindung mit Russland zur Eindämmung Preußens und eine Verständigung mit Friedrich II. Er konnte sich – als Lothringer und als Kaiser – nicht leicht mit dem Gedanken anfreunden, dem die Hand zum Bund zu reichen, der für den Verlust seines Stammlandes verantwortlich war und wegen seines aggressiven Verhaltens in der Vergangenheit als Reichsfeind galt.

Die Gegenseite zögerte ebenfalls, sich auf einen so grundlegenden Wechsel des Bündnissystems einzulassen, wenn auch die Idee einer Annäherung an den »Erbfeind« nicht ganz neu, sondern in der Vergangenheit hie und da einmal aufgetaucht war. Die Sondierungen von Kaunitz in Paris 1750 erbrachten noch keinerlei greifbares Ergebnis, so dass der künftige Hausherr der Staatskanzlei selbst einen Moment lang wankend wurde. Die Hofburg blieb jedoch beharrlich. Es erwies sich als nützlich, die einflussreiche Mätresse Ludwigs XV., die Marquise de Pompadour, einzuschalten (auch wenn die tugendhafte Kaiserin die Nase rümpfte). Vor allem die Zuspitzung des Konflikts in Nordamerika 1755 beschleunigte den Umdenkungsprozess. Dort waren die von der inzwischen dicht besiedelten Ostküste an die Großen Seen drängenden britischen Kolonisten auf eine französische Barriere gestoßen. Die Franzosen schlossen Kanada weitgehend ab und planten, auf lange Sicht zwischen den Großen Seen und ihrer Kolonie Louisiana eine befestigte Nord-Süd-Landbrücke aufzubauen. Die Gegensätze schaukelten sich hoch, bis ein Flottenzwischenfall vor Kanada im Mai 1756 den kalten in einen heißen Krieg verwandelte.

46 Ludwig XV. von Frankreich im Krönungsornat (Ausschnitt). Gemälde von Hyacinthe Rigaud, um 1722

fall während des Siebenjährigen Kriegs, die Kritik der Aufklärung an der Staatsform der Monarchie, der Lebenswandel Ludwigs und seine zeitweilige Abhängigkeit von seinen Mätressen (Mme. Pompadour, Mme. Dubarry) untergruben das Ansehen des Königs.

47 Georg II. von England. Kupferstich von Georg Daniel Henmann

London hatte sich in Wien eine Abfuhr geholt, als es um Verlegung von Truppen in die südlichen Niederlande ansuchte, um Operationen der Franzosen in Richtung auf die britische Insel zu verhindern. Man begann auch hier umzudenken. Aus britischer Perspektive stellte sich der Kontinent hauptsächlich als ein Feld dar, das es mittels eines fein abgestimmten Systems im Gleichgewicht zu halten und damit zu neutralisieren galt, um der eigenen globalen Außenwirtschaft freie Bahn zu schaffen. Wenn man darüber hinaus konkrete Interessen hatte, dann die, das Stammland der Dynastie König Georgs II., Hannover, sowie die Niederlande zu schützen, die dazu offenbar selbst nicht in der Lage waren.

Eine gute Adresse für die englische Außenpolitik schien die Zarin Elisabeth mit ihrem Minister Bestuschew, beide als ausgesprochene Preußenhasser bekannt. Eine Konvention, die Subsidiengelder für eine Truppenmassierung an der preußisch-livländischen Grenze vorsah, kam zwar zustande, wurde aber nicht ratifiziert. Andererseits nahm die englische Diplomatie einen Schwenk gegenüber Preußen vor. Statt den Unruhestifter – dem man auch eine Behelligung Hannovers zutraute – lediglich von umgebenden Mächten zähmen zu lassen, strebte man jetzt eine direkte Partnerschaft an. Eingebunden war diese Überlegung in die Zielsetzung, den Konflikt mit Frankreich ganz auf Außereuropa zu begrenzen.

Georg II. August (1727–1760), 1683 geborener Sohn Georgs I. von England, war gleichzeitig Kurfürst von Hannover. Wie zahlreiche englische Herrscher bemühte auch er sich darum, ein stabiles Gleichgewicht der Kräfte auf dem europäischen Kontinent zu erhalten – die beste Garantie für eine unabhängige englische Welt- und Kolonialpolitik, die sein Premierminister Pitt teils gegen die Intentionen des Monarchen expansiv betrieb. Georg bemühte sich nicht zuletzt intensiv um die Bildung und Kultur in seinen beiden Ländern. So stiftet er 1736 die Universität Göttingen und ließ 1753 das British Museum errichten.

Die Offerte kam Friedrich II. höchst gelegen. Er befürchtete, von Frankreich in die außereuropäischen Auseinandersetzungen hineingezogen zu werden, die mit seinen eigenen Interessen nicht das Geringste zu tun hatten. Im zaristischen Osten braute sich nicht minder als im habsburgischen Süden eine immer akuter werdende Gefahr zusammen. Der englische Vorschlag lief auf eine Neutralisierung des Reichs hinaus; insbesondere sollten Hannover und Preußen vor wechselseitigen Attacken abgesichert werden – eben mit dem strategischen Ziel, den französisch-britischen Konflikt vom Kontinent fernzuhalten. Friedrich stimmte umso lieber zu, als er sich ausrechnete, dass die Abhängigkeit von englischen Subsidienzahlungen Russland ruhig halten würde. So kam am 16. Januar 1756 die Konvention von Westminster zustande: Sie war eigentlich unverfänglich formuliert, rein defensiv gemeint und beabsichtigte nichts weniger, als die jeweiligen Partner – hier Österreich und Russland, dort Frankreich – vor den Kopf zu stoßen.

Genau dies war aber der Effekt. Ein wahres außenpolitisches Erdbeben erschütterte Europa. Die Empörung über die anscheinend zutage getretene Doppelbödigkeit der englischen bzw. preußischen Politik setzte das *Renversement des alliances* in Gang, gab den entscheidenden Anstoß für ein Bündnis zwischen Frankreich und Österreich am 1. Mai 1756 (Erster Versailler Vertrag), zunächst noch ein bloßes Defensivbündnis, weil Frankreich sich nach wie vor nicht für die schlesischen Ambitionen der Hofburg einspannen lassen wollte, aber doch eine politische Sensation.

Beinahe ebenso erstaunlich war die französisch-russische Annäherung, die nun begann. Mit der Zarin erzielte Maria Theresia rasch und noch weit reichender als mit Paris ein Einvernehmen, das bereits Pläne einer territorialen Beschneidung Preußens vorsah. Friedrich II. wurde immer mehr isoliert und

48 Elisabeth von Russland. Kupferstich, 18. Jahrhundert

eingekreist. Die Kaunitzsche Diplomatie wartete nun geradezu darauf, dass der Preußenkönig die Nerven verlieren und in die Offensive gehen würde, was den französischen Partner in Zugzwang gebracht hätte. Die Zarin musste mit Mühe und Not gebremst werden, unverzüglich zuzuschlagen, weil die Kriegsvorbereitungen noch nicht als abgeschlossen galten. Elisabeth – das ist nicht gänzlich unerheblich – war wie Maria Theresia und Madame de Pompadour Zielscheibe anzüglichen Spottes des Preußenkönigs geworden, der es sich auch auf dieser persönlichen Ebene mit den mächtigsten Frauen Europas verscherzt hatte.

Beunruhigt von russischen und mehr noch von österreichischen Truppenbewegungen in Böhmen und Mähren, nicht optimal informiert, aber getrieben vom Willen, das Gesetz des Handelns in der Hand zu behalten, fasste Friedrich II. im Sommer 1756 den Entschluss zum Präventivkrieg. Am 29. August fiel er ohne Kriegserklärung in das neutrale Sachsen ein. Das schien ihm militärisch und wirtschaftlich die günstigste Ausgangsbasis für die längst erwartete große Auseinandersetzung um den Bestand seines politischen Lebenswerkes.

Seine Aggression – war sie auch noch so sehr von einer rechtfertigenden Propagandaschlacht begleitet – beschwor herauf, was er hatte verhindern wollen: Jetzt schloss sich die Front der Gegner zu einer furchterregenden Allianz zusammen. Russland und Schweden traten Anfang 1757 an die Seite Österreichs; am 1. Mai 1757 wurde der Versailler Vertrag in ein Offensivbündnis umgewandelt. Die Bestimmung der Kriegsziele drohte Preußen zur Bedeutungslosigkeit zu verdammen: Schlesien und Krossen sollten an Österreich fallen, Magdeburg und Halle an Sachsen, Pommern an Schweden, Ostpreußen an Russland. Frankreich sollte (über die bourbonische Linie Parma) Teile der österreichischen Niederlande erhalten. Dazu kam

Zarin **Elisabeth von Russland** (1741–1762), Tochter Peters I. und Katharinas I., setzte ihren Thronanspruch mit einem Staatsstreich durch. 1755 gründete sie die Universität Moskau, 1757 die Akademie der Künste in St. Petersburg und schuf mit der Aufhebung der Binnenzölle (1753) eine wesentliche Voraussetzung für die Entstehung eines einheitlichen russischen Wirtschaftsgebiets. Sie ernannte ihren Neffen Karl Peter Ulrich von Holstein-Gottorp (den späteren Peter III.) zu ihrem Nachfolger und verheiratete ihn 1745 mit der Prinzessin Friederike Auguste von Anhalt-Zerbst, der späteren Katharina II. der Großen.

Anfang 1757 der Beschluss des Regensburger Reichstages, die Reichsexekution gegen den Friedensbrecher aus Berlin zu verhängen.

Die Berechnungen der Hofburg waren aufgegangen. Friedrich II. war ins offene Messer gelaufen. Seine einzige Chance bestand darin, die Vorteile der »inneren Linie«, wie man im 19. Jahrhundert sagen wird, zu nutzen: durch schnelle Truppenbewegungen und geschickte Logistik auf zusammenhängendem, »heimischem« Terrain die verschiedenen Gegner zu beschäftigen, an einem übermächtigen Zusammenschluss zu hindern und riskante Entscheidungsschlachten zu suchen, um zu verhüten, dass sich der Krieg in die Länge zog. Die finanziellen und militärischen Ressourcen des besetzten Sachsen wurden schonungslos der preußischen Kriegsmaschinerie dienstbar gemacht. Die für die Zeitgenossen frappierende Maßnahme, das gefangene sächsische Heer kurzerhand der eigenen Armee einzuverleiben, bescherte ihm allerdings mehr Verdruss als Vorteile. Keineswegs gewillt, unter seinem Zepter zu dienen, liefen ihm die kurfürstlichen Soldaten in Scharen davon.

Den Entsatz der sächsischen Armee durch die Österreicher hatte Friedrich zu vereiteln gewusst, die Einbeziehung Nordböhmens in seine Operationsbasis hingegen glückte ihm nicht. Das verhinderte ein Sieg der Österreicher bei Kolin am 18. Juni 1757. Fried-

49 Friedrich II. der Große von Preußen. Gemälde von Johann Georg Ziesenis, um 1763. Im Gefolge der Schlesischen Kriege baute Friedrich Preußen systematisch zur europäischen Großmacht aus, das er innenpolitisch durch die Festigung der ständischen Ordnung (Offiziere und höhere Beamte kamen aus dem Adel, Handel und Gewerbe galten als bürgerliche Berufe) und eine energische Zentralisierung festigte. Neben seiner Liebe zur Philosophie pflegte er, selbst ein virtuoser Flötist und Komponist, die Künste und förderte Musik und Malerei. Der oft starre König war gleichwohl bei seinem Volk beliebt (»Alter Fritz«).

richs Feldherrnnimbus erhielt einen argen Kratzer. Bedrohlich zeichnete sich am Horizont die Gefahr eines langen Zermürbungskriegs ab. Maria Theresia frohlockte. An den siegreichen Feldherrn Daun schrieb sie: »Den 18. Juni. Geburtstag der Monarchie. Lieber Graf Daun! Unmöglich könnte ich den heutigen großen Tag vorbeygehen lassen, ohne ihme meinen gewiß herzlichsten und erkenntlichesten Glückwunsch zu machen. Die Monarchie ist ihm ihre Erhaltung schuldig und ich meine Existenz und meine schöne und liebe armée und meinen einzigen und liebsten Schwagern [Karl von Lothringen]. Dieß wird mir gewiß, so lang ich lebe, niemalen aus meinem Herzen und Gedächtniß kommen … Dieß ist der Tag auch, wo mein Namen auch für das Militaire sollte verewiget werden, auch seiner Hände Werk, und ist er wohl billig, leider mit seinem Blute, mein erster Chevalier geworden.« Letzteres spielte auf die schon früher erwähnte Begründung des Maria-Theresien-Ordens an, dessen erstes Großkreuz Daun erhielt.

Wenn Maria Theresia die Schlacht von Kolin als »Geburtstag der Monarchie« hochstilisierte, überschätzte sie deren Bedeutung freilich maßlos; sie verhinderte lediglich eine schnelle und gründliche Entlastung Friedrichs II. Die Österreicher stießen nach Oberschlesien und in die Lausitz vor, die Russen drangen in Ostpreußen ein, die Franzosen operierten im Preu-

ßen westlich der Weser, in Hannover und in Hessen und schlugen eine englisch-hannoversche Armee in die Flucht. Vereinigt mit der Reichsarmee, setzten sie zur Befreiung Sachsens an. Friedrich, obwohl zahlenmäßig erheblich unterlegen, schlug sie am 5. November 1757 bei Rossbach nahe der Saale zurück und verhinderte auf diese Weise einen französisch-österreichischen Zusammenschluss. Hatte er sich damit die sächsische Operationsbasis gesichert, so gewann er durch die triumphale Schlacht von Leuthen am 5. Dezember, bei der er mit 35 000 Soldaten die 70 000 Mann starke theresianische Armee besiegte, Schlesien zurück.

Rossbach und Leuthen erregten in ganz Europa ungeheures Aufsehen; sie führten maßgeblich dazu, den preußischen Kriegsherrn mit einer populären, charismatischen Aura des »David gegen Goliath« zu umgeben. Maria Theresia wusste sich nicht zu lassen; in Tränen aufgelöst zog sie sich aus der Öffentlichkeit zurück. Schlesien schon in Händen haltend, hatte es ihr der gerissene preußische Teufel, in unglaublicher Schnelligkeit von einem Kriegsschauplatz zum anderen eilend, ein weiteres Mal entwunden. Endlich forderte sie ihren wenig befähigten Schwager, Karl von Lothringen, zum Rücktritt vom Oberbefehl auf, der dem Feldmarschall Daun zufiel. Dieser reorganisierte das Heer und verbesserte die Befehlsstruktur durch die Formierung eines Generalstabs. Jetzt traten auch die neuen großen Namen der österreichischen Militärgeschichte ins Rampenlicht: Graf Franz Moritz Lacy, Chef des Generalquartiermeister-Stabs, und Generalmajor Gideon Ernst von Laudon.

Wenngleich Friedrich den unschätzbaren Vorteil kurzer Befehlswege besaß, so griff doch auch Maria Theresia von Wien aus immer wieder in das militärische Geschehen ein, erteilte Marschbefehle, gab strategische Anweisungen, sorgte für Nachschub, Winterkleidung, Soldzulagen – und drängte immer wie-

◀   50   Die Schlacht von Leuthen (Lissa): ›Schlacht So den 5. Decem. 1757 ohnweit Lissa in Schlesien zwische der Königl. Preuss. u. Kayserl. Königl. Armee vorgefallen‹. Kupferstich eines unbekannten Künstlers

der mit aller Kraft ihren schwerfälligen Apparat nach vorne. Wie die Dinge lagen, musste man wohl oder übel auf die Strategie übergehen, Preußen längerfristig zu erschöpfen und zu zermürben. Danach sah es vorerst allerdings nicht aus. Friedrich, für den die englischen Hilfsgelder mehr denn je sprudelten, warf bei Schweidnitz die Österreicher endgültig aus Schlesien und wandte sich nach Mähren, nach Olmütz, dem Einfallstor ins Kernland der Habsburgermonarchie. Die Kaiserin musste befürchten, bald in Wien nicht mehr sicher zu sein. Das Olmützer Unternehmen geriet aber dem Preußenkönig zum völligen Fehlschlag – dank des manövriertaktischen Geschicks Dauns, der die gegnerischen Verbindungslinien kappte und auch dank manchen Husarenstücks des rasch zum Feldmarschallleutnant beförderten Laudon. Dessen Qualitäten bewiesen sich zum Beispiel besonders spektakulär beim entscheidenden Abfangen eines preußischen Nachschubtransportes (Domstadl, Juni 1758) oder, nachdem die Österreicher ins offene Sachsen eingerückt waren, beim nächtlichen Überfall auf das preußische Lager nahe Hochkirch am 14. Oktober 1758.

Coups wie diese änderten nicht viel an der strategischen Gesamtlage. Zwar schmolz der Handlungsspielraum des preußischen Königs dahin, ihm blieb nur noch eine hastige Rundumverteidigung. Kriegsentscheidende Durchbrüche gelangen aber seinen Gegnern ebenso wenig. 1759 wurde zum Katastrophenjahr Friedrichs II.; es gipfelte am 12. August in einer vernichtenden Niederlage bei Kunersdorf unweit von Frankfurt an der Oder gegen ein vereinigtes österreichisch-russisches Heer. Der Uneinigkeit und Unentschlossenheit der gegnerischen Koalition verdankte er hier wie überhaupt in dem siebenjährigen Ringen die Rettung. Darin lag das »Mirakel des Hauses Brandenburg« eigentlich begründet, weniger im Tod der Zarin Elisabeth am 5. Januar 1762, wenngleich ihr Able-

51 Die Schlacht von Hochkirch, ▶
14. Oktober 1758. Gemälde von
Johann Christian Brand, nach 1766

ben und die Übernahme der Regierung durch den Friedrich-Verehrer Peter III. die Friedensbereitschaft allgemein voranbrachte.

Kriegsmüdigkeit hatte sich schon seit geraumer Zeit ausgebreitet, und spätestens seit Jahresbeginn 1761 waren Friedensbemühungen in Gang gekommen. Russland blieb, auch als Zar Peter von seiner Gemahlin Katharina II. beiseite geräumt worden war, neutral. Parallel dazu war Schweden abgesprungen. Maria Theresia musste erleben, dass ihr Widersacher selbst nach schlimmsten Niederlagen immer noch imstande war, Schlesien und sogar einen Großteil Sachsens zu halten. Ihre Monarchie stand vor dem finanziellen Ruin. Über 120 000 Tote waren auf den Schlachtfeldern geblieben. Frankreich hatte sein Engagement schon 1759 reduziert, um sich auf den Kolonialkonflikt zu konzentrieren. Umsonst: Quebec ging verloren. Der britische Staatsmann Pitt konnte später sagen, England habe Nordamerika auf den Schlachtfeldern des Siebenjährigen Kriegs gewonnen.

Die Kontrahenten beendeten ihre Auseinandersetzungen Ende 1762 (Fontainebleau) bzw. Anfang 1763 (Friedensvertrag von Paris). Der erste »Weltkrieg«, in den zuletzt auch Spanien und Portugal verwickelt waren, ging zu Ende. Großbritannien wurde zum Herrn von Kanada, Florida und der Gebiete östlich

des Mississippi. Frankreich behauptete seine Stellung in Ost-
indien, büßte aber international an Gewicht ein, was im Mut-
terland auf die Krone zurückfiel, die deutlich an Ansehen
verlor. England hatte Ende des Jahres 1762 das abgelaufene
Bündnis mit Preußen nicht mehr erneuert.

Die ausgebluteten Kombattanten des deutschen Schauplat-
zes taten gut daran, sich ebenfalls schleunigst zu einigen. Das
geschah am 15. Februar 1763 im nahe Leipzig gelegenen Jagd-
schloss Augusts des Starken, Hubertusburg. Der Frieden bestätigte lediglich den Status quo, wie er nach den beiden ersten
Schlesischen Kriegen bestand. Schlesien blieb bei Preußen. Sachsen erhielt seine staatliche Souveränität zurück. Friedrich II.
versprach seine Stimme für die Wahl Josephs, des ältesten
Kaisersohnes, zum Römischen König und damit zum Nachfolger des Vaters.

52 »Prospect eines Feldlagers, vom
rechten Flügel anzusehen«. Kolorierter Kupferstich von Georg Bal-
thasar Probst

Der Siebenjährige Krieg barg mehrere »Vermächtnisse« an die Zukunft, ja an das gesamte 19. Jahrhundert. Auf die weltpolitische Dominanz Großbritanniens wurde schon hingewiesen. Zentrale Bedeutung für die weitere deutsche Geschichte kam dem preußisch-österreichischen Dualismus zu, der erst 1866 entschieden wurde und in die Reichsgründung mündete. Er erlaubte auch Russland, eine bedeutendere Rolle in Mitteleuropa zu spielen. Preußen hatte sich als geschichtsträchtige, wenn auch fragile Großmacht etabliert.

Die Zeitgenossen verfolgten fasziniert, wie sich der in seinen Mitteln beschränkte Staat Friedrichs II. – nun »der Große« genannt – gegen eine erdrückende Übermacht behauptete. Die Reichsstände begannen langsam, in ihm eine politische Alternative zur habsburgischen Kaiserdynastie wahrzunehmen, die Reichsinteressen zunehmend als Ballast anzusehen schien. Die Herrscherin des alteuropäischen Österreich kreidete ihrem Gegenspieler, den aktuellen Zwist ins Grundsätzliche wendend, eine nie dagewesene Militarisierung des Lebens an. In einem Brief an Feldmarschall Daun aus dem Jahre 1759 etwa schrieb sie über den preußischen Militärstaat, er bedrohe nicht nur das europäische Gleichgewicht, sondern zwinge seine Gegner, eine »militärische Regierungsform auf dem Fuß der Preußischen« einzuführen, »welcher Vorgang auch andere Mächte zur Nachfolge nötige, und endlich ganz Europa zur unerträglichen Last fallen würde«.

Nach dem so enttäuschend verlaufenen Schlagabtausch und angesichts ihrer strapazierten Länder änderte sich überhaupt Maria Theresias Haltung gegenüber dem Krieg. »Besser ein mittelmäßiger Friede als ein glorreicher Krieg«, lautete künftig ihre Maxime. Natürlich schloss das nicht eine innere Kräftigung der Monarchie und ein Gewappnetsein für etwaige künftige Auseinandersetzungen aus. Bereits in der Endphase

53 Österreichische Soldaten Mitte des 18. Jahrhunderts: Sie sind bewaffnet mit Piken, Säbel und Gewehr mit Bajonett. Rechts steht ein Tambourspieler.

des Kriegs setzten neue Reformbemühungen ein. Feldmarschall Daun wurde, obwohl seine zögerliche Kriegführung manche Kritik auf sich gezogen hatte, 1762 zum Präsidenten des Hofkriegsrates ernannt; er gliederte die oberste Militärbehörde neu. Sie teilte sich jetzt in drei Zweige: die Militärangelegenheiten im engeren Sinn, die Kriegs-Obergerichtsbarkeit und die Militärwirtschaft (das bisherige Generalkriegskommissariat). Der Nachfolger Lacy, seit 1766 Präsident des Hofkriegsrates, setzte das Werk fort. Er wurde zum großen Reorganisator der k. k. Armee. Unter anderem straffte er Befehlsstruktur und Militäradministration und führte das neue Konskriptionssystem ein.

Zur alles überragenden Gestalt aber avancierte der Staatskanzler Fürst Kaunitz. Nicht nur die äußeren Angelegenheiten oblagen seiner Leitung, er zog auch die inneren Verhältnisse der Monarchie zunehmend in seinen Verantwortungsbereich. Das Forum dafür bildete ein ihm auf den Leib geschneidertes Organ, der Staatsrat, ein oberstes Beratungsgremium, das 1761 ins Leben trat. Hier liefen alle Eingaben und Berichte der obersten Behörden zusammen, bevor sie an die Herrscherin gelangten. In den siebziger Jahren akzeptierte diese das Mehrheitsvotum des Staatsrates als verbindliche Entscheidung. Das aufgeblähte *Directorium in publicis et cameralibus*, das nicht in wünschenswertem Umfang Mittel für die Kriegsführung hatte bereitstellen können, wurde 1761 aufgelöst, der verdiente Haugwitz in den Staatsrat weggelobt.

Die Hofkanzlei erlebte eine Wiederauferstehung, ohne dass die entscheidende Zusammenführung der Kernländer rückgängig gemacht worden wäre, als Vereinigte Böhmisch-Österreichische Hofkanzlei (innere Verwaltung). Drei Finanzstellen entstanden daneben: die restituierte Hofkammer für die Finanzverwaltung, die Generalkasse für Buchhaltung und Kassenge-

---

Aber der inneren Dimension nach ist sie [Maria Theresia] doch vor allem eine Habsburgerin. Noch einmal in ihr, der letzten prachtvollen Blüte des geheimnisvollen, oft so unheimlichen Stammes, bricht das Alemannische Willenszähe durch, das Wirklichkeitsnahe, Nüchtern-tiefsinnige, das Anschauliche, Grundehrliche, das Gemüthaft-klare, Schlicht-sittliche, jedem Pathos Abholde, das oft Derb-humoristische, im höchsten Sinne Bäurisch-fromme, Ehren-feste.

Carl J. Burckhardt, ›Maria Theresia‹, 1932

54 Die erste Verleihung des am 5. Mai 1764 gestifteten St.-Stephans-Ordens (Ausschnitt). Gemälde von Martin van Meytens und Werkstatt

schäfte und die Rechenkammer für die Rechnungskontrolle (freilich keine Lösung von langer Dauer). An die Stelle der Repräsentationen und Kammern traten in den Ländern bzw. Ländergruppen die »Gubernien«, »Regierungen« oder »Landeshauptmannschaften« mit geändertem administrativem Zuschnitt: Die politische wurde von der Finanzverwaltung getrennt und die Rechtsprechung wieder integriert, allerdings in der Form eigenständiger Gerichtssenate.

Die Anspannung durch die Kriege, die beständig hohe Arbeitsbelastung und nicht zuletzt der Verdruss, den die Aufnahme der Staatsreform ihr bescherte, blieben nicht ohne Spuren in der seelischen Verfassung Maria Theresias. Dazu kam ein herber Schlag: Anfang des Jahres 1761 verlor sie ihren Lieblingssohn Karl Joseph im Alter von 16 Jahren. Schon An-

Aus einem Brief Maria Theresias an Vizekanzler Bartenstein im November 1761 aus Anlass des Todes seines Sohnes, nachdem sie selbst ihren Sohn Karl Joseph durch eine Pockenerkrankung verloren hatte: Der armen trostlosen Mutter thue er auch meine Theilnahme ausrichten. Ich weiß, was es einem mütterlichen Herzen kostet, ein liebes Kind zu verlieren, doch danke ich Gott täglich für diese Gnade, dass er mein liebstes Kind so sicherstellen wollte noch vor meinem Tode.

fang der 1750er-Jahre vertraute sie Tarouca an: »Ich bin nicht mehr dieselbe, und für mich gibt es keine Zerstreuung mehr. Daran ist nicht mehr zu denken. Trachten wir, unser Leben irgendwie hinzubringen (*vivoter*) und wenigstens die anderen nicht merken zu lassen, wie sehr mir alle die Ausflüge und Jagden zur Last sind.« 1763 folgte ein weiterer persönlicher Schicksalsschlag, der Tod der Schwiegertochter Isabella von Parma, die ihr nahe gestanden hatte. So war 1763 in mehrfacher Hinsicht ein schweres Jahr für die Kaiserin.

Am Ende dieses Jahres schrieb sie an ihre Freundin, die Kurfürstin Maria Antonia von Sachsen, einen Brief, in dem eine deprimierte Tonlage herrscht. Mit Blick auf die aktuelle Problemlage der polnischen Thronfolge heißt es darin: »Wir sind recht unglücklich, denn alles, selbst die ungerechtesten Unternehmungen, gelingen unseren Gegnern, und uns gelingt nichts. Das kommt daher nicht, daß wir uns nicht genug Mühe geben, sondern ein Unstern leuchtet über allen unseren Unternehmungen. Ich bin sehr angegriffen davon, weniger in Bezug auf mich, denn ich habe ohnehin seit dreiundzwanzig Jahren kein bleibendes Glück mehr genossen, sondern im Hinblick auf die anderen, die unter dem Einfluß desselben Unsterns stehen. Das drückt so sehr auf mich, daß ich zu nichts mehr tauglich bin.«

Alltag einer Kaiserin.
Die Gattin und Mutter

Aus dem Jahr 1770 besitzen wir eine Schilderung des Arbeitsalltags der Monarchin von eigener Hand; sie findet sich in einem Brief an die befreundete Gräfin Enzenberg: »Die Woche ist das ganze Jahr hindurch wie folgt eingeteilt. Am Sonntag von sieben bis halb elf Uhr Audienzen, montags Pichler [Kabinettssekretär] und Neny [Staatsrat und Kabinettssekretär], dienstags von acht Uhr bis mittags empfange ich die Minister mit ihren Berichten gleichzeitig mit dem Kaiser. […] Das dauert bis nach ein Uhr. Mittwochs Pichler und Neny und mitunter Posch [Hofrat]. Donnerstags Staatsrat von neun Uhr bis vier Uhr; manchmal beginnt er puncto neun Uhr, sogar wenn wir nicht da waren; das kommt selten vor. Freitag und Samstag ist für die Familie und andere Geschäfte und für Privatpersonen. Die Nachmittage sind zum Lesen, Expedieren und die Korrespondenz«, und sie müsse gestehen, setzt sie bedauernd hinzu, »daß ich kaum einen Augenblick für mich übrig habe; das macht auch das Alter; ich genüge nicht mehr für die Arbeit.«

Das Jahr fand eine Gliederung durch den Wechsel von der Hofburg zu den Sommerschlössern Schönbrunn und Laxenburg, durch den kirchlichen Jahresfestkreis und zahlreiche »Ausfahrten« zu Kirchen, Klöstern und Heiligtümern, die Galatage anlässlich von Geburts- und Namenstagen in der kaiserlichen Familie oder in versippten Dynastien, die Toisonfeste des Hausordens vom Goldenen Vlies und andere weltliche Feste. Ausflüge führten zu weiteren Lustschlössern oder zu

55 Das goldene Frühstücksservice Maria Theresias. Gold, Ebenholz, chinesisches und Meißner Porzellan von Anton Matthias Domanek, 1750 (?)

nahe gelegenen Palais hochadliger Familien, die in besonders engem Kontakt zum Kaiserhaus standen: den Auersperg, Starhemberg, Kinsky, Esterházy, Trautson, Schwarzenberg, Dietrichstein, Liechtenstein, Colloredo, Khevenhüller und anderen.

Das neue Jahr wurde im Professhaus der Jesuiten am Hof religiös und in der Burg mit einem Neujahrsempfang weltlich eingeleitet. Dann begann gleich die Ballsaison. Wir hören von ausgelassener Festfreude am Hof der jungen Königin, die selbst gelegentlich über die Stränge schlug, so dass Khevenhüller und Tarouca sich zu eindringlichen – freilich vergeblichen – Mahnungen bemüßigt fühlten. Besonders toll ging es etwa am Faschingsdienstag 1743 zu, über den Khevenhüller berichtet: Mittags speiste die Königin bei ihrem Schwager, Prinz Karl von Lothringen, in seinem Schlösschen Möllersdorf; »nach dem Essen wurde biss gegen acht Uhr abends gedanzet und sodann nach der Burg zuruckgekeret, allwo I. M. en petite compagnie soupirten und mit selber nach den Soupé sich in Maschera als Ländler Bauern und Bäuerinnen auf den Bal in den Balhaus und nachdem sie sich zuvor in einen Domino überkleidet, auf die Meelgruben verfügten, alldorten einige Contredances danzten, sodann wiederummen in das Balhaus zuruckkerten und den Keraus, welcher erst gegen acht Uhr fruh sich geendigt, beiwohnten.« Ohne sich Ruhe zu gönnen,

56 Ball im Redoutensaal in der Wiener Hofburg. Kupferstich von Waimann, 1746–1748

nahm sie dann an der Aschermittwochszeremonie in der Kirche teil. Der Oberstkämmerer sorgte sich redlich, »dass die Frau so sehr auf ihre Gesundheit stürmet und hierinnfalls gar keinen noch so wohlmeinenden Rath anhören will«: Immerhin war sie im vierten Monat schwanger.

Die Mehlgrube, wohin sich Maria Theresia mit ihrem Gemahl als bäuerliches Paar verkleidet begab, war ein vornehmes Ballhaus auf dem Neuen Markt (damals Mehlmarkt). Es fing zu dieser Zeit an, sich für ein breiteres Pub-

57 Damencaroussel in der Spanischen Hofreitschule. Gemälde, Schule des Martin van Meytens, 1743

likum zu öffnen. Selbstverständlich wurde das Treiben im Ball- oder Redoutensaal durch eigene Ballordnungen im geziemenden Rahmen gehalten; vor allem in der Hofburg war auch für ein auserlesenes Publikum gesorgt. Dennoch konnte es nicht ausbleiben, dass vehemente sittliche Bedenken gerade gegen die Maskenbälle laut wurden, nicht zuletzt von Khevenhüller.

Übrigens hätte beinahe ein familiärer Todesfall die Faschingsfreude des Jahres 1743 verdorben. Kurz vor der geschilderten Ballnacht traf die Nachricht vom Tod der letzten Medicäerin, Anna Maria Luisa, ein. Kurzentschlossen hielt Maria Theresia sie bis Aschermittwoch geheim, um dann erst die geforderte Hoftrauer anzusetzen. In diesen jungen Jahren liebte sie auch das Reiten und die so genannten Caroussels leidenschaftlich, mit Pferden aufgeführte Ballette. Ein solches, berühmt gewor-

Toisonfest: Festtag des exklusiven weltlichen Hausordens vom Goldenen Vlies (frz. *toison* = Vlies), der auf spätmittelalterliche burgundische Ursprünge zurückgeht und auf die griechische Jason-Sage Bezug nimmt. Aufgenommen wurden nur Männer von besonderem Rang und Verdienst.

Redoute: Redouten nannte man die seit Ende des 17. Jahrhunderts von Italien importierten Maskenbälle. Sie fanden in eigenen Redoutensälen statt und kannten eine rigorose Trennung der Stände, die erst Joseph II. 1772 aufhob. Gegen Ende des 18. Jahrhunderts wurden sie durch private Bälle abgelöst.

denes Damencaroussel vom 2. Januar 1743 anlässlich der Wiedereinnahme Prags im Ersten Schlesischen Krieg hat sich sogar bildlich und textlich überliefert.

Zu bestimmten Zeiten waren Vergnügungen tabu oder stark beschränkt. Das galt besonders für die Fastenzeit, die der Vorbereitung auf Karwoche und Osterfest diente. Anfang der 1750er-Jahre war die überschäumende Lebensfreude bei der Königin, wie schon angemerkt, zum guten Teil verflogen. Durch die häufigen Schwangerschaften körperlich belastet, füllig geworden, von der Last der Geschäfte angespannt und um einige drückende Lebenserfahrungen reicher, führte sie nun ein Leben, das Tarouca ganz im Gegensatz zur Anfangszeit zu Mahnungen veranlasste, mehr Schonung und Zerstreuung zu suchen.

Eine Zerstreuung beschwor nun allerdings wieder den Zeigefinger des Tugendmahners herauf: die Spielleidenschaft, die Maria Theresia im Übrigen mit ihrem Gemahl teilte. Beim abendlichen Pharaospiel konnten Tausende von Dukaten durch die Hände rinnen, was umso fataler war, als sich die ganze Stadt auf das Beispiel des Hofes berief, um die stren-

58 Maria Theresia beim Kartenspiel mit Batthyány, Nádasdy und Daun. Aquarell eines unbekannten Künstlers, 1751

gen Verbote des Hazardspiels zu ignorieren. Die Kaiserin rang sich denn auch dazu durch, das Pharaospiel bei Hof zu untersagen und durch das harmlosere Lansquenet zu ersetzen. Ansonsten widmete sie die knapp bemessene Freizeit vor allem verschiedenen Handarbeiten.

Im Frühjahr entfloh Maria Theresia möglichst bald der ungeliebten Hofburg und siedelte nach Schönbrunn um, wo man oft bis in den Spätherbst blieb. Hier ging es nicht ganz so beengt und gezwungen zu wie in der Burg. Zwischendurch suchte man immer wieder einmal zu kirchlichen Festen, etwa Fronleichnam, für besondere Konferenzen oder für Theaterveranstaltungen die Innenstadt auf. Im Mai oder Juni zog der Hof für einige Wochen »Ferien« ins noch intimere Laxenburg um.

Schönbrunn auszubauen und umzuändern war ein besonderes Steckenpferd Maria Theresias, dem sie vor allem mit Hilfe des Architekten Nikolaus Pacassi nachkam. In dieser Zeit entstand das heutige Erscheinungsbild. Schloss samt zugehöriger Gartenanlage spiegeln in ihrer stilistischen Übergangsstellung die Situierung der theresianischen Mentalität: das Aufbrechen der pompös-monumentalen Barockgebärde durch einen dynamisierenden, verspielten, intimeren, auch pragmatischeren Rokoko-Duktus, historistische Vorausdeutungen in den Gemälden bzw. Fresken sowie »bürgerlich-familiäre« und naturnähere Raumbedürfnisse. Letzteres zeigt sich etwa im Porzellanzimmer oder im Miniaturenkabinett. Klassizistische Rasenbeete in der Gartenanlage und kleine Kammergärten beiderseits der Schmalseiten des Schlosses mit rosenbewachsenem Holzwerk, die eine familiäre Absonderung ermöglichten, verweisen ebenfalls darauf. Der 1759 fertig gestellte Pavillon inmitten der von Franz Stephan begründeten Menagerie (1751) war ein Lieblingsaufenthalt des Kaiserpaares. In dessen

59   Die Gloriette im Park von Schönbrunn, wo sich Maria Theresia und Franz Stephan gern aufhielten

60   Das kaiserliche Lustschloss Schönbrunn, Gartenseite. Gemälde von
Bernardo Bellotto, genannt Canaletto, 1759/1760

Innenraum, umgeben von reich vergoldeter Vertäfelung, nahmen sie im Sommer gelegentlich Frühstück oder Jausenkaffee
ein. Knapp vor dem Tode der Kaiserin erhielt der Garten vor
allem durch die »Römische Ruine« noch »vorromantische«
Züge und der Schönbrunner Hügel die charakteristische Be-
krönung durch die Gloriette.

Am 12. September wurde ein besonderer Staatsfeiertag begangen, der an den Entsatz Wiens von den Türken im Jahr 1683
erinnerte. Im Oktober erfreute man sich an Weinlesefesten. Die
Jagd im Herbst – oder auch zu anderen Jahreszeiten – reizte
vor allem den Kaiser, Maria Theresia mochte das blutige Waid-
werk nicht. Von den zahlreichen, regelmäßig zu begehenden

Gala zum Namenstag Maria Theresias am 15. Oktober 1749 in Schönbrunn:
Schon am frühen Vormittag um halb zehn Uhr begannen die »Particular-
Audienzen« für die zwei vornehmsten Botschafter, danach wurden die Hofämter und einige Fürsten in das Spiegelzimmer vorgelassen. Um halb elf
brachten der Kardinal-Erzbischof und der Nuntius ihre Glückwünsche dar,
schließlich noch der Hof- und Staatskanzler und der Präsident des Hofkriegsrates, dann ließ Maria Theresia die übrigen Gratulanten … im Au-
dienzzimmer zum Handkuß vor. Um elf gingen die Majestäten … in die

kirchlichen oder gemischt weltlich-kirchlichen Festen sei noch der Andreastag, der 30. November, hervorgehoben, das Hochfest des Ordens vom Goldenen Vlies, und der Nikolaustag, an dem die Kinder und Hofangehörigen beschenkt wurden (das Schenken an Weihnachten bürgerte sich erst später ein). Die Tage vor Weihnachten zog sich Maria Theresia zu Exerzitien zurück. Weihnachten selbst war allgemein noch ein rein kirchliches Fest; zum Familienfest wurde es erst im »bürgerlichen« 19. Jahrhundert.

Der Winter hielt besondere Vergnügungen bereit, etwa die Schlittenfahrten in der Stadt oder auf dem Land, an denen sich die gesamte Hofgesellschaft beteiligte. Es gab kaum eine Zeit, die nicht neben den Sonntagsgottesdiensten noch von verschiedenen anderen gottesdienstlichen Verrichtungen durchsetzt war. Sie gehörten wie fast alles im Leben der Königin-Kaiserin wesentlich der zeremoniellen Sphäre an. Wie stand es aber mit ihrer persönlichen Religiosität?

Es kann an der tiefen Frömmigkeit Maria Theresias kein Zweifel bestehen. Vom Jansenismus, einer kirchlich-oppositionellen Reformströmung beeinflusst, pflegte sie eine vom barocken Schwulst gereinigte, innerlichere und »verständigere«

Schloßkapelle. Nach dem Gottesdienst wurde Tafel gehalten … Der Nachmittag begann mit einer religiösen Zeremonie, einer gesungenen Litanei. Während dessen hatten die Lakaien Zeit, die Festbeleuchtung im Garten vorzubereiten, in der Großen Galerie die Tische wegzuschaffen, den Boden zu säubern und alle Kerzen anzuzünden, damit aus dem Speisesaal ein Tanzsaal würde. … Während des Menuetts – wie üblich nach der ersten Reverenz – begannen der russische Botschafter und der Obersthofkämmerer, mit den würdigsten Damen zu tanzen. Danach durften alle Herren zugleich ihre Damen zum Tanz bitten … Die Majestäten schauten eine Weile stehend zu, dann gingen sie trotz des rauhen Wetters in den Garten, um die Illumination anzuschauen. … Der Ball dauerte bis halb zehn Uhr abends, dann begaben sich die Kaiserin, der Kaiser und seine Schwester mit einer kleinen Zahl auserwählter Gäste an die Tafel in die Ratsstube. Wie zu erwarten, sorgte sich mancher, den Sitzplatz nicht nach dem gebührenden Rang zu erhalten. Der russische Botschafter Graf Michael Bestuchew-Rumin erklärte, da seine Regierung aus religiösen Gründen den päpstlichen Nuntius nicht anerkenne, könne er nicht hinter jenem zurückstehen. Der Nuntius wiederum wünschte höher geachtet zu werden als Prinzessin Charlotte, die Schwester des Kaisers. Aber Maria Theresia und Franz Stephan hatten derlei vorausgesehen und ordneten, um jeden Streit zu vermeiden, gemischte Sitzordnung … an.
Helmut Nemec/Georg Schreiber, ›Schönbrunn. Geschichte und Geschichten‹, 1989

61 Nikolobescherung in der kaiserlichen Familie. Gouache von der Erzherzogin Marie Christine, 1763

Frömmigkeit. Zu ihr gehörte eine besondere Betonung des Bußsakraments, ernste Befolgung des Fastens und überhaupt ein gewisser moralischer Rigorismus (vor allem auch ein – in der aristokratischen Lebenswelt durchaus untypischer – sexualmoralischer Rigorismus). Das hatte im Übrigen Auswirkungen auf ihre offizielle Kirchenpolitik, von der noch zu reden sein wird. Eifrig las sie religiöse Bücher; dass einige dem Jansenismus zuneigende auf dem römischen Index standen, scherte sie nicht weiter. In den Prüfungen und Wechselfällen ihres Lebens vertraute sie auf die Führung des Allmächtigen und gab Gelingen und Misslingen ihm anheim; daraus schöpfte sie Kraft.

Es liegt nahe, an die Betrachtung von Bereichen wie Religiosität, »Freizeitbeschäftigungen« oder Familienleben die Frage

Jansenismus: Auf den niederländischen Theologen Cornelius Jansen (1585–1638) zurückgehende, von Rom verurteilte theologisch-kirchenpolitische Bewegung, die zunächst in Frankreich starken Anklang fand, dann auch in Österreich in der theresianischen Zeit, vermittelt über die österreichischen Niederlande und Italien, einen Aufschwung erlebte. Bedacht auf Vermittlung zwischen der calvinistischen und katholischen Lehre, lehrte Jansen, dass die Verderbtheit des menschlichen Willens nur durch die Unwiderstehlichkeit der Gnade bezwungen werden könne. Die Jansenisten lebten meist in kleinen Gruppen und sittlicher Strenge.

nach der Kategorie der Privatheit im Leben der Monarchin an-
zuknüpfen. War dafür Raum (und Bedürfnis)? Die Frage ist
nicht leicht zu beantworten. Das ist auch, aber nicht nur, ein
Problem der Quellen. Nehmen wir das bekannte Bild der Nikolobescherung von der Hand der zeichnerisch begabten Tochter
Marie Christine. Wir scheinen ein ganz und gar bürgerliches
Familienidyll vor uns zu haben: der Vater, Franz Stephan, in
Schlafrock und Pantoffeln, Marie Christine eine Rute in der
Hand, mit der sie scherzhaft den Bruder Ferdinand bedroht,
Maria Antonia und Max Franz sich an Spielzeug und Lebku-
chen erfreuend. Aber wieweit ist das Bild eine Stilisierung, die
nur bedingt Realität widerspiegelt? Folgt es doch einer Kup-
ferstichvorlage des holländischen Künstlers Jakob Houbraken.
Konnten die Mitglieder des Kaiserhauses selbst im persönlichen
Umgang miteinander von den offiziellen Rollen abstrahieren,
die sie einnahmen? Wird das Problem vielleicht erst im »bürgerlichen« 19. Jahrhundert wirklich virulent?

Zeitgenössischen Beobachtern wie dem preußischen Gesandten Podewils erschien jedenfalls der kaiserliche Haushalt
vergleichsweise »bürgerlich«. Es gibt hie und da im Lebens-
gang Maria Theresias Anzeichen zu erkennen: Rückzugsbe-
dürfnisse – um Schmerz vor der Öffentlichkeit zu verbergen,
mit dem Gemahl allein zu sein, religiöse Übungen zu verrich-
ten –, Bedürfnisse nach informelleren Äußerungsformen. So
hielt sie in Briefen an den Sohn Ferdinand und den Schwiegersohn Albert von Sachsen-Teschen, Gemahl von Marie Christine,
den sie besonders mochte, die Adressaten zu offenerer, unze-
remoniöser Stillage an. Von Ferdinand etwa erwartet sie,
»daß … nicht allzeit Complimente vorkommen, sondern mehr
was das Herz selbst sagen wird …«

Am ehesten war etwas von »familiärer« Atmosphäre zu spüren, solange die Kinder klein waren. Je mehr sie in ihre künfti-

Mein lieber Sohn, nicht so viele Komplimente. Diese ›Madame‹ am Anfang Deiner Briefe schockiert mich sehr. Sage ein andermal ›meine teuere
Mutter‹ und fahre so fort wie ich, unterschreibe nur Deinen teuren Namen Albert ohne Zeremonie.
*Brief Maria Theresias an ihren Schwiegersohn Albert
(im Original, wie meistens, auf Französisch) vom 18. April 1766*

62   Maria Theresia und Franz I.
Stephan mit elf Kindern. Gemälde
aus der Werkstatt des Martin van
Meytens, um 1754

ge Bestimmung hineinwuchsen bzw. hineinerzogen werden mussten, desto strenger und formeller scheint es zugegangen zu sein. Es gibt Zeugnisse von Töchtern, die von der Angst sprechen, die die Mutter ihnen zeitlebens einflößte. Über »ihre Weise, ihre Kinder zu lieben«, äußerte sich die scharfsichtige Schwiegertochter Isabella im Jahr 1762, sie sei stets »mit einer Art Mißtrauen und anscheinender Kälte gemischt«. Von den 16 Kindern, die Maria Theresia zwischen ihrem 20. und 39. Lebensjahr gebar, erreichten vier Söhne und sechs Töchter das Erwachsenenalter. Kurz vor ihrer Verehelichung mit dem König von Neapel starb Maria Josepha. Unverheiratet blieben von den Töchtern Maria Anna und Elisabeth, die, wie es üblich war, als Stiftsdamen und Äbtissinnen Unterkommen fanden. Zwei Töchter wurden nach Italien verheiratet: Maria Amalia als Herzogin von Parma und Maria Carolina als Königin von Neapel-Sizilien.

Maria Antonia wurde am berühmtesten. Besser bekannt als Marie Antoinette, war sie zu der wichtigsten heiratspolitischen Mission ausersehen, nämlich das relativ junge Bündnis mit Frankreich durch eine Ehe mit dem Thronfolger, dem nachmaligen Ludwig XVI., zu festigen (1770). Wohl niemandem ist ihr tragisches Ende 1793 unter der Guillotine der Französischen Revolution unbekannt.

Die (überlebenden) Töchter Maria Theresias:
Maria Anna (1738–1789): 1766 Äbtissin im von Maria Theresia in Prag gegründeten Damenstift. Lebte fast ausschließlich in Klagenfurt im von ihr erbauten Palais, wo sie auch starb.
Maria Christine (1742–1798): Lieblingstochter Maria Theresias. Heiratete 1766

Herzog Albert II. von Sachsen-Teschen, der die Statthalterschaft in Ungarn, dann in den österreichischen Niederlanden und schließlich den Oberbefehl über die Reichsarmee erhielt.
Elisabeth (1743–1808): Äbtissin des von Maria Theresia anlässlich des Todes ihres Gatten Franz Stephan gegründeten Damenstifts in Innsbruck.

Die Einzige, die eine Neigungsehe eingehen konnte, war die Lieblingstochter Marie Christine, die den Herzog Albert von Sachsen-Teschen heiratete. Besonders schlimm erwischte es Maria Karoline, über deren Gatten, Ferdinand IV. von Neapel-Sizilien, Maria Theresia selbst urteilte: »Der junge König zeigt keine feststehende Neigung als für die Jagd und das Schauspiel; er ist ungemein kindisch, lernt nichts, kann nichts als das schlechte Italienisch des Landes und hat sogar bei manchen Gelegenheiten Beweise von Strenge und Härte gegeben.«

Die Töchter verließen zwischen 1766 und 1770 das Haus. Die Erziehung der Kinder, auf denen der Weiterbestand der Dynastie und ihre internationale Verflechtung ruhte, verlangte die größte Sorgfalt. Die Auswahl der Lehrer und persönlichen Erzieher, der Ajas bzw. Ajos, und die Vorgabe detaillierter Erziehungsanleitungen und Instruktionen durch die Mutter (zum Teil auch durch den Vater) trug dem Rechnung. Maria Theresia verfolgte sehr genau die Entwicklung ihrer Sprösslinge und bewies in der Beobachtung ihrer Charaktere erstaunliche Scharfsicht. Im Übrigen endete die Beaufsichtigung und Instruierung insbesondere der Töchter keineswegs mit der Eheschließung. Über einen ausgedehnten Briefwechsel und entsprechend platzierte Vertraute suchte die Mutter weiterhin das Betragen ihrer Kinder – stets ein politischer Faktor ersten Ranges – zu lenken. In besonderem Maße galt das für Marie Antoinette. Die Einzige, die sich dem rigoros widersetzte und es auf einen Bruch ankommen ließ, war Maria Amalia in Parma.

Nach den Leitlinien der Mutter sollten die Töchter das Vorbild einer gottesfürchtigen, tugendhaften Fürstin vorleben, gemäß der Anleitung ihrer Beichtväter ihren Glauben festigen und ihr Gewissen rein erhalten, sich ihren Männern als gehorsame, sanftmütige Gemahlin erweisen und vornehmlich männliche Leibeserben schenken, sich aber aus den politischen Ge-

---

Maria Amalia (1746–1804): Heiratete 1769 Ferdinand II., Herzog von Parma. Ihr unerquickliches Eheleben mit dem ungeliebten, primitiven und bigotten Gemahl (einem Bruder Isabellas, der Gattin Josephs II.) und ihr Eingreifen in die Regierungsgeschäfte führten zum Konflikt mit der Mutter, die nach vielen Einwirkungsversuchen schließlich mit ihr brach und auch den anderen Familienangehörigen jede Korrespondenz mit ihr untersagte. **Maria Karoline** (1752–1814): Heiratete 1768 Ferdinand IV. von Neapel-Sizilien. **Maria Antonia (Marie Antoinette)** (1755–1793): Heiratete 1770 Ludwig XVI. von Frankreich, 1793 nach einem Schauprozess hingerichtet.

schäften heraushalten, mit Vertrauensbeweisen außerordentlich sparsam umgehen und sich über die Eifersüchteleien, Klatschereien, Intrigen an den Höfen erheben.

Was die Söhne angeht, so verlangt der älteste, der unmittelbare Thronfolger und zeitweilige Mitregent Joseph, eine breitere Darstellung. Nicht er, sondern sein Bruder Leopold setzte später allerdings die Dynastie im Kaisertum fort, das er selbst aber nur zwei Jahre (als Leopold II., 1790–1792) bekleidete. Zuvor wirkte er außerordentlich segensreich im Großherzogtum Toskana. Der wenig bedeutende Erzherzog Ferdinand wurde in Mailand installiert und heiratete Maria Beatrix von Este; diese Ehe brachte später Modena an das Haus Österreich. Maximilian Franz schließlich, der Jüngste, widmete sich dem geistlichen Beruf und wurde letzter Kurfürst von Köln und Fürstbischof von Münster.

Der schwierige Charakter des ältesten Sohnes, des späteren Kaisers Joseph II., beschäftigte die Mutter bereits in seinen Kinderjahren. Dem Ajo, Karl Graf Batthyány, schildert sie in der Erziehungsinstruktion Joseph als jemanden, der wohl »viele Anzeichen eines guten Herzens von sich gibt«, bemerkt aber kritisch, dass ihm »zu viel nachgegeben worden, und insbesondere seine Bediente ihn sowohl durch unterschiedliche Schmeicheleien, als auch einige unzeitige Vorstellungen seiner Hoheit verleitet, sich gern gehorsamen und ehren zu sehen, hingegen die Widersetzung unangenehm und fast unerträglich zu finden, sich nichts zu versagen, gegen Andere aber leicht, ohne Gefälligkeit und rüde zu handeln«. Wenn sie dann noch eine besondere Untugend aufgreift, »die Lust, an Jedermann die äußerlichen und auch innerlichen Fehler alsbald zu beobachten, sich davon einnehmen zu lassen, dawider zu railliren, welches nicht allein wider die Liebe des Nächsten, sondern ihn auch an dem vernünftigen Urtheil zu sehr verhindert«, so

Ihre Kaiserl. und Königl. Majestäten nahmen ihren Platz auf der Breiten … Bühne oder Staffel, unterm reichen Baldachin in ihrem mit gleichem Goldstuck bedeckten Bettschammel, und abwärts die sammentliche Durchleuchtigste Herrschaften; Ihre Königl. Hoheiten das Durchleuchtigste Brautpaar aber, welches in gleichem Drap d'Argent und kostbarstem Geschmuck angekleidet gewesen, der für Höchst-dieselben auf einem Teppich gerade gegen dem hohen Altar über gestellet, und mit Carmesinsammet bedecket, auch mit goldenen Borden galloniret gewesen. Nach einem

sind damit Züge bezeichnet, die sich auch beim Erwachsenen ausprägen und immer wieder Gegenstand ihrer Einwirkungsversuche werden sollten.

Auf dem Unterrichtsplan des Kronprinzen standen neben den elementaren Kulturtechniken und Religion die Sprachen Französisch, Italienisch, Ungarisch und Latein sowie die Fächer Geografie, Geschichte, Mathematik, Kriegskunst, Philosophie, Rechts- und Staatslehre, Naturwissenschaften und Rhetorik. Dabei kam er mit relativ fortschrittlichen Gedanken seiner Zeit in Berührung. Er erlernte auch das Klavier- und Violoncellospiel. Im zarten Knabenalter bereits musste er seine künftige Rolle einüben, indem er ein Regiment inspizierte oder einen Botschafter in Antrittsaudienz empfing. Allgemein galt es, Zeremoniell und gewandtes Auftreten in der Gesellschaft beherrschen zu lernen.

Für seine Verehelichung kam früh die Verbindung mit der bourbonischen Königsfamilie als dem neuen, wichtigsten Verbündeten ins Spiel; unsicher war anfangs, ob der französische oder spanische Zweig »zum Zug« kam. Die Entscheidung fiel für die Enkelin Ludwigs XV., Isabella von Parma. Maria Ludovica, Tochter des spanischen Königs Karl III., die als Alternative im Gespräch war, bekam Erzherzog Leopold zugesprochen. Die Braut war eine schöne und bemerkenswerte Frau, überdurchschnittlich gebildet, scharfsinnig, allerdings

kurz verrichteten Gebett erhuben Sie sich aus demselben zum hohen Altar, da sodann der Päpstliche Herr Nuntius die eheliche Einsegnung … vollzoge.
Das ›Wiener Diarium‹ über die Trauung Josephs und Isabellas am 11. Oktober 1760

63 Die kaiserliche Familie während der Aufführung von Glucks ›Tétide‹ im Großen Redoutensaal anlässlich der Hochzeit Josephs II. mit Isabella von Parma 1760 (Ausschnitt). Gemälde aus der Werkstatt des Martin van Meytens (Ausschnitt)

nichts weniger als unkompliziert. Sie vermochte den Bräutigam wie die Schwiegermutter in ihren Bann zu ziehen. Die Hochzeit fand mitten im Siebenjährigen Krieg statt, am 6. Oktober 1760. Sie wurde mit großer Pracht begangen, wie es ihrer politischen Bedeutung entsprach – natürlich auch in demonstrativer Absicht gegenüber Freund und Feind. Der Hofmaler Martin van Meytens hat das große Ereignis in einer Reihe von Gemälden gebührend dokumentiert.

Joseph, für den menschliche Nähe eine prekäre Angelegenheit darstellte, hat seine Frau aufrichtig geliebt. Das Glück währte jedoch nicht lange. Einen Monat vor ihrem zweiundzwanzigsten Geburtstag, am 27. November 1763, erlag Isabella jener tückischen Krankheit, die immer wieder im Kaiserhaus wütete, den Blattern. Sie hinterließ ein Töchterchen, nach der Großmutter Maria Theresia genannt, das nun die ganze Liebe des verzweifelten Vaters besaß. Ein weiteres Kind hatte sie

kurz vor ihrem Tod verloren. Joseph trug schwer an dieser Katastrophe seines Lebens. »Ich fühle mich nur getröstet«, schrieb er, »wenn ich allein in meinem Zimmer bin, das Bildnis meiner geliebten Gemahlin betrachte und lese, was sie geschrieben hat ... Oft meine ich, sie vor mir zu sehen; ich rede mit ihr ... Die kleinsten Papierstückchen, die von ihr herrühren, hebe ich sorgfältig auf ... Ich war es, der diesen Schatz besaß und mit 22 Jahren muß

64 Die kaiserlichen Kinder Ferdinand, Maximilian und Maria Antonia im Ballett ›Le triomphe de l'Amour‹ anlässlich der Hochzeit von Joseph II. mit seiner zweiten Frau, Maria Josepha von Bayern 1765. Gemälde aus der Schule des Martin van Meytens

Die (überlebenden) Söhne Maria Theresias:

Joseph (II.) (1741–1790): 1765 Kaiser und Mitregent, 1780–1790 Alleinherrscher, heiratete 1760 in erster Ehe - Isabella von Parma, 1765 in zweiter Ehe Maria Josepha von Bayern.

Leopold (II.) (1747–1792): Heiratete Maria Ludovica, Infantin von Spa-

ich ihn verlieren.« Die Krönung zum römischen König im Jahr 1764 war vom Tod Isabellas überschattet; Joseph, ohnehin nicht mehr ungebrochen in den Traditionen wurzelnd, scheint der Zeremonie wenig abgewonnen zu haben. Ein Jahr später musste er Kaiserwürde und Mitregentschaft übernehmen.

Dieses Jahr bedeutete für Maria Theresia die Wende ihres Lebens. Die erwartungsvolle Zuneigung ihrer Jugend hatte nicht getrogen: Die Ehe mit Franz Stephan wurde eine glückliche Verbindung, aus der sie Kraft und Trost schöpfte – trotz des Ungleichgewichts der Partner und obwohl es an Auseinandersetzungen nicht mangelte, die höchst temperamentvoll verlaufen konnten. Franz I. Stephan seinerseits war durchaus nicht der phlegmatische Pantoffelheld, als den ihn die Geschichtsschreibung lange hingestellt hat. Er spielte seine undankbare Rolle als Kaiser ohne eigentliche Macht und als Ehemann, der von seiner dominierenden Gemahlin je länger je mehr in den Hintergrund gedrängt wurde, nicht ohne Noblesse. Ein glückliches Naturell half ihm, sich zu bescheiden und lieber ins zweite Glied zurückzutreten, als der Öffentlichkeit ein peinliches Schauspiel zu liefern.

Gerne hätte er der Kaiserwürde zu neuem Glanz verholfen, indem er nach Kräften die Reichsinstitutionen zu aktivieren suchte, hatte damit aber nur wenig Erfolg. Er verlagerte seine Aktivitäten auf die Gebiete, die ihm zu Gebote standen, um seine Talente auszuleben: wirtschaftliche und kulturell-naturwissenschaftliche Betätigungen. In Böhmen, der Slowakei und Ungarn leitete er private landwirtschaftliche Mustergüter und vier Manufakturbetriebe, die ausgezeichnet florierten. Sowohl hier als auch durch geschickte Geldanlagen auf dem damals existierenden internationalen Finanzmarkt erzielte er hohe Gewinne, mit denen er unter anderem den Grundstock für ein gewaltiges habsburg-lothringisches Familienvermögen legte.

nien aus dem Hause Bourbon, 1765–1790 Großherzog von Toskana, 1790–1792 Kaiser.
Ferdinand Karl (1754–1806): Heiratete Maria Beatrix, Herzogin von Modena d'Este, die letzte Überlebende des Hauses d'Este, begründete nach dem Tod ihres Vaters das Haus Österreich-Modena d'Este.

Maximilian Franz (1756–1801): Erzbischof-Koadjutor in Köln und Bischof-Koadjutor in Münster, Hochmeister des Deutschen Ordens, letzter Kurfürst und Erzbischof von Köln, floh 1794 vor den französischen Revolutionstruppen.

65 Kaiser
Franz I. mit
den vier Vor-
stehern der
wissenschaft-
lichen Institu-
te. Gemälde
von Franz
Moessmer
und Jakob
Kohl, 1773

Nach dem Siebenjährigen Krieg betraute Maria Theresia ihn
mit der Verwaltung der Staatsschuldentilgung, in die nach seinem Tod ein Teil seines angehäuften Vermögens floss. Daneben
widmete er sich mit großem Engagement der Pflege verschiedener Sammlungen: dem Münzkabinett, dem Naturalienkabinett,
dem Physikalischen Kabinett sowie dem Botanischen Garten
und der Menagerie beim Schloss Schönbrunn. Sie gewannen
als feste Institutionen über die private Liebhaberei hinaus für
die Wissenschaft insgesamt Bedeutung. Seinen Kindern war
er ein liebevoller Vater.

Bleibt das heikle Thema der Frauen. Dass in Adelskreisen im
allgemeinen andere sexualmoralische Maßstäbe galten als in
bürgerlichen Verhältnissen, ist bekannt. Auch Franz Stephan

66 Franz Stephan auf dem To- ▶
tenbett. Gabrielle Beyer-Bertrand
zugeschriebene Gouache, 1765

wird das eine oder andere amouröse Abenteuer nachgesagt. Inwieweit verschiedene Frauenbekanntschaften in echte Liebschaften übergingen oder inwieweit dies eher als eine Fama dem allgegenwärtigen Hofklatsch angelastet werden muss, sei dahingestellt. Jedenfalls verfolgte Maria Theresia mit gehörigem Misstrauen und Eifersucht die persönliche Umgebung ihres Gatten – was sie nicht hinderte, ihren Töchtern zu predigen, dass man Ehemännern größtmögliche Freiheit gewähren müsse.

Im August 1765 weilte der Hof in Innsbruck, wo die Vermählung Erzherzog Leopolds mit der spanischen Infantin Maria Ludovica begangen wurde. Am Abend des 18. August, auf dem Rückweg von einer Vorstellung im Hoftheater, erlitt Franz Stephan einen Herzschlag, an dem er kurz danach starb, 56 Jahre alt. Maria Theresia kannte in ihrer Trauer beinahe keine Grenzen. Nach einer ersten Erstarrung ließ sie sich ihr Haar abschneiden, verschenkte ihren Schmuck, legte die schwarze Witwentracht mit der unter dem Kinn gebundenen Haube an, die sie bis zu ihrem Tod trug, ordnete an, das Sterbezimmer des Kaisers in eine Kapelle umzuwandeln und den plastischen Schmuck an der Rückseite der hochzeitlichen Triumphpforte am Stadteingang zum Totengedenken abzuändern. Sie verbot den Damen, geschminkt bei Hof zu erscheinen. Sie errichtete als »ewige Gedächtnisfeier« in Innsbruck ein adliges Damenstift. Den Schlafrock ihres Gemahls ließ sie zu einem Messge-

wand umarbeiten, wobei sie selbst Hand anlegte. Am 12. Februar, ihrem Hochzeitstag, sollte es zum ersten Mal in der Innsbrucker Hofburgkapelle verwendet werden.

Der 12. Februar 1766 fiel auf einen Aschermittwoch. An diesem Tag schrieb sie an ihre Freundin Gräfin Enzenberg nach Innsbruck, wo deren Mann Gubernialpräsident war: »Diesen glücklichen Tag habe ich, in meinem Kabinett eingeschlossen, allein mit meinen Gedanken zugebracht, umgeben von Porträts unseres teuren und großen Gebieters; wie glücklich ist man doch, wenn man eine legitime Liebe hegen kann! Diese ganzen Tage habe ich mich mit meinem vergangenen Glück befaßt, nicht ohne bittere Reue, daß ich es nicht genügend ausnützte, als ich es noch hatte … Was mir übrig bleibt und was ich mit Ungeduld erwarte, ist meine Aufbahrung, denn in meinem Sterbekleid werde ich mit dem einzigen Gegenstand meiner Liebe, den mein Herz in dieser Welt gekannt hat und der Zweck und Ziel aller meiner Handlungen und meiner ganzen Liebe war, vereint werden.«

Das vielleicht anrührendste Zeugnis der Verbundenheit mit ihrem Gatten ist einer von mehreren Zetteln, die sich nach ihrem Tod in ihrem Gebetbuch fanden. Folgendes stand darauf gekritzelt: »Kaiser Franciscus mein gemahl hat gelebt 56 jahr, 8 monat, 10 tage, ist den 18 augusti 1765 gestorben halb 10 Uhr Abends. also gelebt monate 680, wochen 2958, täge 20 778, stunden 496 992. mein glicklicher ehestand war 29 jahr, 6 monat 6 täge, um die nämliche stund, als ihme die hand gegeben, auch an einem sonntag ist er mir plötzlich entrissen worden. macht also jahr 29, monat 335, wochen 1540, täge 10 781, stunden 258 744. meine regierungsjahre 28 jahr, 2 monate, 12 täge also monat 354, wochen 1471, tage 10 300, stunden 247 200. die meinige 59 jahr, monate 708, wochen 3058, täge 21 548, stunden 517 080.«

Wien. Die Kaiserstadt unter Maria Theresia

Wien hatte nach der siegreichen Abwehr der Türken im Jahr 1683 einen glänzenden Aufstieg zur barocken Metropole erlebt. Es entstanden die großen Sakral- und Profanbauten, allen voran die Karlskirche unter Karl VI. und das Belvedere des Prinzen Eugen, das dann von Maria Theresia erworben wurde. Der Adel ließ sich prachtvolle Stadtpalais errichten; ein Kranz von Gartenpalais, die in Europa ihresgleichen suchten, legte sich darüber hinaus im Umkreis um die Innenstadt.

Die sparsame Thronerbin selbst hat zwar, von Schönbrunn abgesehen, keine baulichen Großprojekte gefördert, zu ihrer Zeit erfuhr dennoch das barocke Stadtbild seine Vollendung. Die Bevölkerung stieg an, die Vorstädte – durch das aus militärischen Gründen unbebaute Glacis von der Innenstadt getrennt – expandierten. Man schätzt die Einwohnerzahl um 1700 auf rund 80 000, beim Regierungsantritt Maria Theresias betrug sie etwa 130 000, und eine Volkszählung im Jahr 1754 ergab 175 000 Einwohner. Gegen Ende der Regierungszeit Josephs II. (1790) wird die Zahl noch einmal kräftig, nämlich auf 207 000, gestiegen sein.

67   Gesamtansicht von Wien. Federzeichnung von C. L. Kaulitz, um 1740

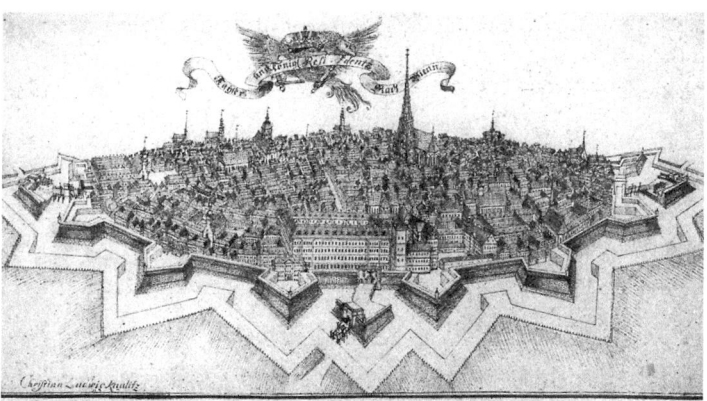

Die Wohnungsdichte nahm immer mehr zu; Wohnungsnot wurde zu einem gravierenden Problem. Maria Theresia suchte ihr durch ein »Wohnungsbauförderungsprogramm« abzuhelfen, indem sie 1767 eine zwanzigjährige Steuerfreiheit für Neubauten verfügte. Das Kaiserhaus war in der Haupt- und Residenzstadt in vielfältiger Weise, direkt oder indirekt, präsent. Bei festlichen Anlässen wirkten Herrschaft und Untertanen (zumeist durch Magistrate bzw. Korporationen vertreten) in einem symbolischen Festgeschehen zusammen. Freudige familiäre Ereignisse wie Geburten und Vermählungen wurden mit Böllerschüssen und Glockengeläut kundgetan, es gab Feuerwerke, Ehrengerüste und Triumphpforten, Scheinarchitekturen, Gratisgaben von Gebratenem, Gebackenem und Wein, der aus künstlichen Brunnen sprudelte, Hausinschriften und Illuminationen öffentlicher und privater Gebäude. Ähnliche Freudenzurüstungen fanden bei exponierten politischen Ereignissen, vor allem Krönungen, statt.

Starb ein Mitglied des Herrscherhauses, so hatte auch dies ein aufwändiges, zeichenhaftes Geschehen zur Folge: Das Element des Umzugs verwandelte sich in den Leichenzug, die Freuden- in Trauergerüste. Diese nahmen in den Kirchen den eigentlichen oder einen leeren Sarg auf. Wie die Freudengerüste bestanden sie aus vergänglichem Material (Holz, Leinwand, Stuck) und waren mit Vergoldung, Malerei, Inschriften und emblema-

68 Freudengerüst zur Geburt des Kronprinzen Joseph, errichtet von der Stadt Wien von Franz Rosenstingl 1741. Kupferstich

tischen Darstellungen verziert. Natürlich ging es bei all diesen Freuden- und Trauerkundgebungen nicht nur um Festesfreude bzw. Ausdruck von Schmerz, sondern um die Demonstration von herrscherlicher Legitimität und Größe einerseits, von Loyalität, aber auch ständisch-bürgerlichem Selbstwertgefühl andererseits. Außer bei solchen festlichen Anlässen bekam ein mehr oder weniger großer Kreis der einheimischen Bevölkerung die Herrscherfamilie bei Gottesdiensten, Prozessionen, Einzügen oder Ausfahrten, bei Theaterveranstaltungen, Schlittenfahrten oder Bällen unmittelbar zu Gesicht.

Die Kaiserin-Königin regierte – mehr noch als ihre Vorgänger – kräftig in die öffentlichen, ja auch die privaten Belange ihrer hauptstädtischen Untertanen hinein. Wie in allen Städten gab es einen Magistrat, bestehend aus innerem und äußerem Rat, und einen Bürgermeister. Die Kommunalverwaltung entbehrte seit der Stadtordnung Ferdinands I. von 1526 aber jeder Autonomie. Die Wahl der Funktionäre und ihre Amtstätigkeit unterlag strenger Aufsicht. Die Unterordnung der städtischen unter die landesfürstliche Administration verschärfte sich unter Maria Theresia noch. Das zeigte sich etwa an der für die städtische Ökonomie wichtigen »Stadt Wiener Wirtschaftskommission«, die 1749 zu einem weisungsgebundenen Unterorgan der Hofwirtschaftskommission absank. Stadtbürgerliches Selbstbewusstsein konnte sich unter diesen Umständen schwerlich entwickeln. Dieser Mangel an Selbstverwaltungskompetenz ließ sich aber umso leichter verschmerzen, als die Residenzfunktion der Stadt enorme wirtschaftliche Vorteile mit sich brachte. Ein erheblicher Teil der Stadtbevölkerung lebte unmittelbar oder mittelbar von den Bedürfnissen des Hofes. Die merkantilistische Politik förderte den wirtschaftlichen Aufschwung.

Die zentralisierenden Tendenzen der theresianischen Staatsreform trugen dazu bei, die Hauptstadtposition Wiens zu festi-

69 Hofschlittenfahrt am Neuen Markt. Radierung von Johann M. Sigrist

gen. Prag und Budapest konnten künftig nicht mehr damit rechnen, eine ebenbürtige Rolle zu spielen. Auch die Infrastruktur der Stadt profitierte von der Hauptstadtfunktion. Es fand sich eine unvergleichliche Massierung von staatlichen bzw. ständischen Verwaltungs-, Kultur-, Wissenschafts- und Bildungseinrichtungen. Dem Wiener Stadt-Banco fielen als kommunaler Kreditanstalt, die wegen ihrer Unabhängigkeit das Vertrauen des Publikums genoss, zugleich gesamtstaatliche Finanzierungsaufgaben zu. Gründungen Maria Theresias bereicherten ebenso wie die Sammlungen Kaiser Franz' I. die Palette weiter: das Theresianum, die orientalische Akademie, die Kupferstichakademie, die Börse.

Beiläufig sei die erstmalige Nummerierung der Häuser 1770 erwähnt, die im Zusammenhang mit dem neuen militärischen Konskriptionssystem erfolgte. Die Häusernummerierung förderte wiederum die Entstehung der Stadtpost, die 1772 von einem Privatmann, dem Niederländer Josef Harty, eingerichtet wurde – eine praktische Alternative zur bisherigen Notwendigkeit, im Bedarfsfall jeweils einen eigenen Boten anzuheuern.

In der theresianischen Ära vollzogen sich Wandlungsprozesse im sozial-kulturellen Gefüge, die langsam den Boden für die Entstehung der modernen Welt vorbereiteten. Der Blick auf die Hauptstadt mag schlaglichtartig drei Bereiche dieses »Hintergrundgeschehens« beleuchten, mit dem sich das theresianische Regiment in unterschiedlicher Weise und Intensität verband: Der erste betrifft die Lebensgewohnheiten der Menschen im Spannungsfeld von Arbeit, Freizeit und »Andachtszeit«, der zweite die Künste, speziell das Theater, der dritte die Form der Vergesellschaftung. Die Propagandisten der Aufklärung, die diese Modernisierungsprozesse intellektuell begleiteten und voranzutreiben suchten, wirkten dabei vielfach mit der absolutistischen Herrschaft zusammen.

70 Der Universitätsplatz in Wien. Gemälde von Bernardo Bellotto, genannt Canaletto ▶

Arbeit gewann im 18. Jahrhundert langsam einen neuen Stellenwert – parallel dazu »Freizeit« und »Andachtszeit« (G. Tanzer). Traditionelle Vermischungen dieser Bereiche sollten einer säuberlichen Trennung Platz machen; die Bestrebungen zielten darauf, die Arbeitskraft zu intensivieren und effizienter einzusetzen, um die gesamtwirtschaftliche Situation nachhaltig zu verbessern. Es galt aber nicht nur, die Arbeitsmoral zu heben, sondern Moralität insgesamt. Die hergebrachte Volkskultur sollte von Grobianismus, ausschweifendem Wesen, Trägheit und Aberglauben gereinigt werden und erhöhter Selbstdisziplin und rationaler Lebensführung weichen.

Auf die Reduzierung der Feiertage wurde schon an früherer Stelle hingewiesen. Man schätzt, dass das Jahr im Mittelalter nicht mehr als 250 Arbeitstage umfasste. Unter Maria Theresia wurden, vom Papst abgesegnet, von den 80 offiziellen Feiertagen, die bei ihrem Regierungsantritt bestanden, 23 gestrichen. Die Begründung war hier wie sonst immer dieselbe: Zu viel arbeitsfreie Zeit verführe zu Müßiggang und Laster. Man suchte außerdem den Gesellen den althergebrachten »blauen Montag« auszutreiben, sie zu Pünktlichkeit und größerem Arbeitseifer – womöglich bis in die Nacht hinein – an-

zuhalten, ihnen traditionelles Brauchtum wie das »Schenken«, das gegenseitige »Heimsuchen« oder »wüste und ausschweifende Leichenmähler« zu untersagen. Um nur ein Disziplinierungsmittel anzuführen: 1770 verordnete Maria Theresia die Einführung des Taglohns (sofern nicht Stücklohn üblich war), so dass Gesellen an Tagen, an denen sie nicht arbeiteten, Lohn und Kost einbüßten. Eine besonders strenge Reglementierung des Arbeits-, aber auch von Teilen des Privatlebens (z. B. Wirtshausbesuch) fand sich in den Fabriken.

Am abhängigsten war das Dienstpersonal, dessen Arbeitstätigkeit und Lebenswandel in Gesindeordnungen minutiös vorgeschrieben wurden. Es verfügte offiziell beinahe über keinerlei Freizeit. Verhältnismäßig gut war auch die Beamtenschaft zu diszipliniertem Arbeiten zu »erziehen«.

Der »diktatorische« Impetus dieses Disziplinierungsprogramms könnte einen entsetzen, wüsste man nicht, dass der obrigkeitlichen Durchschlagskraft zu dieser Zeit deutliche Grenzen gesetzt waren. Spielräume, »Schlupflöcher« im Alltagsfluss und ein insgesamt recht zahnloses Zwangsinstrumentarium verhinderten eine allzu weit gehende Vereinnahmung des Einzelnen. Beim Einkauf, beim Kirchgang, während der (kollektiv verrichteten) Arbeit, zu allen möglichen festlichen Anlässen erwuchsen nach wie vor genügend Gelegenheiten, sich Anforderungen zu entziehen.

Mangelnde Trennschärfe zwischen Arbeit, Freizeit und »Andachtszeit« war für die traditionale Gesellschaft typisch: Es gab keinen offiziellen Urlaub in unserem modernen Sinn (diese Einrichtung setzte jedoch im späten 18. Jahrhundert ein), aber zahlreiche arbeitsfreie Festtage, und viele Brauchtumsformen schlossen Arbeitsunterbrechungen mit gemeinsamem Essen, Trinken und Feiern ein. Eine Wallfahrt diente nicht nur den verschiedensten Anliegen für seelisches Heil und körper-

Zwischen sechs und halb sieben Uhr morgens trippeln die geringen Dienstmädchen aus den Küchen der Herrschaftshäuser und aus den Zimmern der Bürgerhäuser im nachlässigen Morgenanzug mit dem klappernden Paternoster in Händen in die Kirchen. Ihre Liebhaber, die Kutscher, Reitknechte, Leibhusaren, Hausknechte, ermangeln nicht, sich ebenfalls dort einzufinden und auf diese Art der Religion und ihren Herzensbedürfnissen Genüge zu tun. Auf dem Weg nach Hause wird in einem der geringeren Kaffeehäuser ein Frühstück genommen, womit gewöhnlich das Mäd-

71 Der Mehlmarkt. Gemälde von Bernardo Bellotto, genannt Canaletto

lich-materielles Wohlergehen, sondern bildete eine gern ge-
nutzte Gelegenheit zu einem erlebnisreichen Ausflug. Kirchen
hielten nicht nur religiöse Angebote bereit, sondern unfrei-
willig auch Zeit und Raum für Fluchten aus dem Alltag, für
ein Schwätzchen oder gar für ein Rendezvous.

Maria Theresia reduzierte zwar die Anzahl der Segen, Ämter, Vespern usw.; dafür vermehrten sich die Ablässe und Prozessionen. Man muss sich verdeutlichen, welchen Umfang das
gottesdienstliche Angebot zur theresianischen Zeit noch einnahm: In der Michaelerkirche fand zum Beispiel täglich alle
Viertelstunde eine Messe statt, im Stephansdom kamen unter
anderem 80 Privatmessen und drei Rosenkränze am Tag zusammen. Für das Jahr 1732 besitzen wir genaue Zahlen für den
Stephansdom: 407 Pontifikalämter, 54 558 Messen, 1095 Rosenkränze. Die für die Alltagskultur ungemein wichtigen Bruder-
schaften vereinten religiöse und karitative Zwecke; sie bereicherten den gottesdienstlichen und Festkalender für ihre
Mitglieder noch einmal in spezieller Weise.

chen ihren schnurrbärtigen Getreuen regaliert. Indessen wird es auf dem
Hof, der Freiung, dem Wildbretmarkt, dem Fischmarkt, der Seilerstatt, dem
Bauernmarkt ziemlich lebhaft. Die Kräuter-, Obst-, Milch-, Eier-, Geflügel-
weiber sind nun daselbst mit ihren Butten angekommen, formieren sich
in lange Reihen und legen ihre Waren zum Kauf aus. Eben dies geschieht
um diese nämliche Zeit in den Hauptgassen aller Vorstädte.
Tagesbeginn in Wien nach Johann Pezzl, ›Skizze von Wien.
Ein Kultur- und Sittenbild aus der josefinischen Zeit‹, Ausgabe 1923

Eine Entflechtung der angesprochenen Lebensbereiche – mit eindeutiger Dominanz der Arbeitstätigkeit – hatten sich die Reformer wie Justi, Richter oder Sonnenfels aufs Panier geschrieben: In der Arbeitszeit sollte konzentriert gearbeitet werden, der Sonntag sollte geheiligt, gottesdienstliche Übungen andächtig verrichtet und die Freizeit sinnvoll und sittsam genutzt werden. Die Notwendigkeit von Erholungszeiten wurde von den Apologeten der neuen Arbeitsmoral durchaus zugestanden, aber Freizeit erschien jetzt eben vorrangig in dem Licht einer Rekreation für die Arbeit und nicht als Selbstzweck. In der Regierungszeit Maria Theresias erreichten die Bestrebungen einer Zivilisierung, Versittlichung und »Verfleißigung« einen ersten Höhepunkt. In Verordnungen der Kaiserin steht zu lesen, dass Hausväter Kinder und Gesinde, Vorsteher ihre Untergebenen zu eifrigem Gottesdienst anzuhalten hätten; sie bestimmte, dass an Sonntagen Gaststätten erst am Nachmittag bzw. Theater erst am Abend ihre Tore öffnen durften. Maskeraden wurden streng begrenzt und überwacht, die Auftritte der fahrenden Künstler – Seiltänzer, Marionettenspieler, Gaukler, Schausteller – auf die Jahrmarktszeiten beschränkt, Liedersänger und öffentliche Volksspiele von der Straße verbannt.

Die absolutistische Obrigkeit versuchte, das Verhalten in Bierhäusern ebenso zu steuern wie bei Festivitäten. Alkoholexzessen, Raufereien, sexuellen Entgleisungen sollte ein Riegel vorgeschoben werden. Der Erfolg dürfte sich in Grenzen ge-

72 Freyung. Bleistiftzeichnung von Rudolf Alt, 1849

halten haben. Inwieweit die ebenso berühmte wie ominöse »Keuschheitskommission« der Kaiserin in Richtung einer Versittlichung gewirkt hat, bleibt fraglich. Die Kommission – von der man wenig Kenntnisse besitzt – trat 1747 ins Leben. Sie betraf Personen von Stand und richtete sich besonders gegen Liaisons mit Damen von der Oper. Bei ungebührlichem Betragen drohte die Verbannung aus der Hauptstadt bzw. eine Arreststrafe. Das stand nicht nur auf dem Papier, sondern kam in der Tat vor. Zumal die Tugendwächter offenbar auch einmal danebengriffen und Ehepaare »in flagranti ertappten«, setzten sie sich alsbald dem Gespött der Öffentlichkeit aus.

Dass die Entwicklung in mannigfacher Weise Traditionsbestände und korporative Einbindungen der alteuropäischen Welt aufzubrechen begann, brachte einerseits Verunsicherung und Disziplinierungsdruck mit sich, schuf aber auch neue Möglichkeiten für individuelle Gestaltungsspielräume. Besonders plastisch kann man dies im Bereich der Freizeit nachvollziehen, über die nun mehr als zuvor individuell disponiert werden konnte (natürlich in Abhängigkeit vom Geldbeutel). Es lässt sich eine Verschiebung von Aktivitäten in den Abend hinein feststellen, nicht zuletzt dank besserer Beleuchtungsmöglichkeiten, die die Nacht zunehmend mehr für Vergnügungen, bald aber auch für die Arbeit verfügbar machte. In diesen Zusammenhang gehört, dass die Sperrung der Stadttore verkürzt, unter Joseph II. ganz aufgehoben und die Sperrstunden für Gaststätten gelockert wurden. 1766 ließ Joseph II. den Prater, ein ehemaliges kaiserliches Jagdrevier, für das Publikum öffnen; mit dem darin entstehenden »Wurstelprater« begann seine Erfolgsgeschichte als Vergnügungspark: ein immerwährender Jahrmarkt (wenigstens den Sommer über). Der Kaiser übergab 1775 auch den Augarten der Bevölkerung. Die Schönbrunner Gärten wurden, zumindest teilweise, von Ma-

Die Unzufriedenheit ist auch fast allgemein, und es läuft eine Reihe von Schmähschriften gegen die Regierung um, vor allem aber gegen die Kommission, die für die öffentliche Keuschheit eingerichtet worden ist, und die Kaiserin wird in ihnen keineswegs geschont.

Der preußische Gesandte Podewils am 2. Dezember 1747
über die Keuschheitskommission

ria Theresia ebenfalls dem Publikum zugänglich gemacht. Die Menagerie bildete die Hauptattraktion.

Wenn von einer Individualisierung der Freizeit die Rede ist, müssen auch Institutionen wie Kaffeehäuser, Theater oder Gesellschaften erwähnt werden. Darauf soll gleich noch ein Blick fallen. Für rund zwei Drittel der Stadtbevölkerung freilich lagen solche Vergnügungen zumeist außer Reichweite. Auf diesen Anteil hat man die Personengruppen geschätzt, die am Rande des Existenzminimums lavierten und bei den verschiedensten Wechselfällen des Lebens in bittere Armut abzustürzen drohten: bei Rezessionen im Gewerbe, bei Missernten und Teuerungen, bei Brandkatastrophen, beim Tod von Familienangehörigen oder bei Krankheit, bei altersbedingtem Verlust der Arbeitskraft, bei Kinderreichtum. Es handelte sich vor allem um die Berufsgruppen der Tagelöhner, der Bediensteten, der Kutscher und anderer Angehörigen des Transportgewerbes, der kleinen Beamten und kleinen Gewerbetreibenden.

Maria Theresia war bei aller Sittenstrenge Vergnügungen keineswegs abhold. Im Zusammenhang mit dem Theater fiel ihr oft kolportierter Ausspruch:»Spectacles müssen sein, ohne dem kann man nicht hier in einer solchen großen Residenz bleiben.« Der Anlass war eine Unterstützungszahlung an den Theaterpächter Graf Durazzo (Juni 1759); die Kaiserin resolvierte:»Beede Komödien müssen bleiben und destiniere ich hiezu 150 000 Gulden.« Um welche »Komödien« handelte es sich? Seit Beginn des Jahrhunderts bestand für das deutschsprachige Berufstheater ein festes Haus: das Theater am Kärntnertor. Es war die Heimstätte des Volkstheaters, der Alt-Wiener Volkskomödie, und bedeutete zu Zeiten, in denen allgemein noch die Wandertruppen das Bild bestimmten, bereits einen erheblichen Entwicklungsschritt. Später weitete sich das Programm aus, ab 1766 begann eine Glanzzeit des Balletts unter

Ich glaube es wird nicht nöthig seyn ihnen viel von dem erfolg meiner academie zu schreiben, … genug; das theater hätte unmöglich völler seyn können, und alle logen waren besetzt. – Das liebste war mir, dass seine Mayestätt der kayser [Joseph II.] auch zugegen war, und was für lauten beyfall er mir gegeben; – es ist bey ihm gewöhnlich dass er das geld bevor er ins theater kömmt, zur Cassa schickt, sonst hätte ich mir mit allem mehr versprechen därfen, denn seine zufriedenheit war ohne gränzen; – er hat 25 duccaten geschickt.   *W. A. Mozart an seinen Vater, 29. März 1783*

73 ›Le Turc généreux‹. Opernaufführung im Hofburgtheater am 26. April 1758. Radierung von Bernardo Bellotto, genannt Canaletto, 1759/1760

Franz Hilverding und Jacques Noverre, und auch die Oper hielt ihren Einzug. Kurz nach dem Regierungsantritt Maria Theresias, im Jahr 1741, entstand ein weiteres öffentliches Schauspielhaus, dem eine glanzvolle Zukunft bis in unsere Tage bevorstand: das Theater nächst der Burg. Es ging auf den Entschluss Maria Theresias zurück, den konstenintensiven Theatralstaat des Hofes drastisch zusammenzustreichen und die Theaterunterhaltung einem Privatmann zu übertragen, nämlich Joseph Karl Selliers, der bereits Pächter des Kärntnertortheaters war. Als Spielort erhielt er das ungenutzte Ballhaus

Vor etwa einem Monat ist hier Haydn verschieden. Er war der Sohn eines einfachen Bauern; seine empfindsame Seele hob ihn in die Höhen der unsterblichen Schöpfung, nicht minder seine Studien, in denen er ein Mittel fand, anderen seine Empfindungen zu vermitteln. Acht Tage nach seinem Tod fanden sich alle Musiker der Stadt in der Schottenkirche zusammen, um ihm zu Ehren das Requiem von Mozart aufzuführen.
Stendhal über den Tod Haydns, eines der bedeutendsten Musiker im Wien Maria Theresias, 25. Juli 1809

am Michaelerplatz zugewiesen. Damit war das Hoftheater alten Stils passé, die entsprechenden Räumlichkeiten in der Burg wurden zu Redoutensälen umgewandelt; es blieben für die Sommersaison das Schönbrunner (1747) und das Laxenburger (1753) Schlosstheater.

Das neue Haus am Michaelerplatz war prinzipiell jedem potenziellen Zuschauer gegen entsprechendes Entgelt zugänglich. Allerdings beschränkte fürs erste nicht nur der Eintrittspreis das Publikum, sondern auch das Programm mit einem gewichtigen Anteil französischer Produktionen sowie die vorgegebene Platzverteilung, die dem Adel etwa 60 % der Plätze reservierte. Der Pächter war außerdem in seiner Programmgestaltung nicht frei, sondern musste die Wünsche des Hofes nach einem festen Angebot der verschiedenen Programmsparten, Oper, Ballett und Schauspiel, berücksichtigen. Künftig waren hier vor allem die teure Opernaufführung und das französische Schauspiel zu Hause. Die Impresarios wechselten häufiger. Es zeigte sich, dass die Theater rein privatwirtschaftlich nicht aufrechtzuerhalten und Subventionen unumgänglich waren. 1752 wurde eine staatliche Oberdirektion eingerichtet. Graf Durazzo, 1754 zum Leiter beider Theater ernannt, verdient Erwähnung, weil er Christoph Willibald Gluck als Kapellmeister ans Burgtheater berief. Gluck begann hier in den sechziger Jahren seine epochale Opernreform. Der Bankier

Bender scheiterte als Impresario, als er im Kärntnertortheater die Idee eines Nationaltheaters mit literarisch anspruchsvollem Repertoire umsetzen wollte. Erst 1776, mit der offiziellen Erhebung des deutschsprachigen Schauspiels im Burgtheater zum k. k. Hof- und Nationaltheater durch Joseph II., wurde, staatlich abgesichert, ein solches Konzept realisiert. Ansonsten wurde der Theaterbetrieb zu dieser Zeit freigegeben, so dass in den achtziger Jahren weitere Häuser entstanden: unter anderem das Leopoldstädter Theater, das Theater in der Josefstadt und das Theater auf der Wieden (später Theater an der Wien).

Das deutschsprachige Theater kannte in Wien bis Ende der vierziger Jahre keine literarisch fixierten, einstudierten Schauspiele; der extemporierten Volkskomödie gehörte die Bühne. Im Rampenlicht stand zunächst die komische Figur des Hanswurst von Joseph Anton Stranitzky (1676–1726) und seinen Nachfolgern Gottfried Prehauser (1699–1769) und Philipp Hafner (1735–1764). Es folgten weitere lustige Personen, wie der Bernardon des Felix von Kurz oder der Kasperl des Johann La Roche. Dieses Volkstheater besaß nicht die Exklusivität der Hoftheater, war aber auch nicht gerade eine Angelegenheit der Unterschichten. Man konnte dort selbst Angehörige des Kaiserhauses antreffen. Die Volkskomödie konfrontierte die erhabene Welt der Haupt- und Staatsaktionen, der Standespersonen, der historischen Helden oder antiken Götter mit dem possenhaften, plebejischen Treiben der lustigen Person, mischte phantastische Szenerien mit derbkomischen Elementen, barocken Vanitas-Pessimismus mit praller Lebensbejahung, wobei es nicht an fäkalsexuellen Einstreuungen fehlte.

Auch wenn das Volkstheater gewiss nicht auf einen Gesellschaftsumsturz via Satire abzielte, so fühlte sich die bessere Gesellschaft doch im weiteren Verlauf je länger je unangenehmer berührt. In Wien kam es in den fünfziger Jahren zur spä-

◀ 74 Der Michaelerplatz und der Kohlmarkt. Kolorierter Kupferstich von Carl Schütz, 1788

Godefridus Prehauser.

Inter Vienn:Comicos dictus Hañs Wurst.

75 Gottfried Prehauser als Hanswurst. Kupferstich eines unbekannten Künstlers

ten, dafür aber umso enthu-
siastischeren Rezeption des
»Dramatikerpapstes« Johann
Christoph Gottsched; die Erneuerung des Theaters in der
Ära Gellerts und Lessings
überschnitt sich bald damit.
Maria Theresia hat Lessing
selbst während einer Italien-
reise empfangen und Stücke
von ihm gesehen, der aufblü-
henden deutschen Literatur
aber insgesamt wenig Wohlwollen entgegengebracht. Die
Stegreifkomödie konnte vor
dem Anspruch, der sich hier
formulierte, nicht bestehen,
aber auch das französische
Schauspiel nicht, dem man einen realitätsfernen, affektier-
ten Aufführungsstil vorwarf.

Das Geschehen im Theater wurde nicht nur von der Kritik
begutachtet; auch die obrigkeitliche Zensur wollte es selbstverständlich – ebenso wie alle Druckerzeugnisse – nicht sich
selbst überlassen. Maria Theresia ließ es sich nicht nehmen,
höchstpersönlich einzuschärfen, die Texte sorgfältig auf »zwei-
deutige« (was sehr viel bedeuten konnte) und »schmutzige«
Worte durchzusehen. Das extemporierte Schauspiel geriet auch
deshalb in die Schusslinie, weil es kaum zu kontrollieren war.
1770 wurde eine eigenständige Theaterzensur eingerichtet.
1752 hatte die Kaiserin das Theatervergnügen im »Norma-
Edikt« bereits generell reduziert; es verordnete an 50 so ge-

Beim Kärntner Thor stehet ein
prächtiges Comödien-Haus, wo
das gantze Jahr außer Fasten,
Advent und die Freytäg Teutsch
und Welsch gespielet wird. Von
diesen machte der Hannß-Wurst
seine Fatzen: jetzo ist es ordent-
licher angerichtet und wird sehr

nannten »Norma«-Tagen – das waren zumeist Kirchenfeste – Spielverbot.

Das Stegreifspiel brach nach Prehausers Tod 1769 ab, und zwar vorderhand auf eigene Entscheidung der Schauspieler des Kärntnertortheaters hin, die sich der modernen Form, der regelmäßigen literarischen Komödie verschrieben. Sie kamen damit der Theaterzensur zuvor. Die Volkskomödientradition erlosch aber nicht spurlos, sondern erlebte im literarisierten Theater eine gewisse Weiterführung. Unter anderen profitierte das Gespann Schikaneder/Mozart von ihr.

Joseph von Sonnenfels war wohl die einflussreichste Gestalt für die Entwicklung des Theaterwesens. 1770 mit der Theaterzensur betraut, formulierte er sein Programm von der staatsbürgerlichen Funktion des Theaters: »Giebt es nicht mehrere Klassen der Bürger, welchen der Staat, nach durchgearbeitetem Tage, eine Erholung zu verschaffen verpflichtet ist? Wäre es nun aber gleichgültig, diesen Theil der Bürger entweder in eine Gaucklerbude hinzuschicken, wo sie die Albernheit eines Possenspielers und seine Unhöflichkeiten mit Ekel anhören müssen, oder ihnen ein gesittetes Vergnügen zu verschaffen, wo sich ihre Stirne, ohne den Anstand schamroth zu machen, aufheitern kann?« Das Theater sollte eine Schule der Sitten, der Sprache und des guten Geschmacks werden, ein Bildungstheater, in dem die Zuschauer exemplarisch lernen konnten, wie vorbildliches Leben gemäß aufklärerisch-bürgerlichen Idealen aussehen konnte.

Um das Stegreiftheater war es jetzt endgültig geschehen. Sowohl in der Oper (Gluck) als auch im Schauspiel machten sich die Tendenzen eines neuen Zeitalters bemerkbar: psychologische Vertiefung, individualistische Verinnerlichung, Moralisierung. Zur gleichen Zeit änderten sich Publikum und Zuschauerverhalten. Die aristokratisch bestimmte Hochkultur

gerühmet. Nach deme finden sich oft Englische und andere Companien, Seil-Tantzer, Gaukler etc. ein. Von Fechtereyen kan man täglich etwas sehen. Auf der Wienn ist ein feines Amphitheatrum, zwar nur von Holtz angelegt, in welchem ordentliche Hatzen und wilde Thierstreit gegeben werden mit Löwen, Bären etc.
Anselm Desing, ›Auxilia Historiaca oder historischer Behülff und bequemer Unterricht von denen darzu erforderlichen Wissenschaften … IV. Theil: Von Österreich, dessen Geschichte, Ansprüche etc.‹, 1747

verbreiterte sich sozial und begann ihren Charakter zu ändern. Es entstand eine neue Geschmackskultur, die sich dem gehobenen Bürgertum öffnete, nach unten aber rigoros abschloss. »Pöbelhafte« Unterhaltungsformen, wie sie die Wandertruppen, die Volkskomödie oder die Tierhetze boten, fielen dem Geschmacksverdikt anheim.

Ein neues Rezeptionsverhalten ging dem parallel: Still, konzentriert, gar »andächtig« sollte man den Aufführungen folgen – während bis dahin die adligen Zuschauer unbekümmert kamen und gingen, wann sie wollten, und in den Logen schwatzten und das plebejische Publikum lauthals das Geschehen auf der Bühne kommentierte, mit den Füßen stampfte oder sogar in die Handlung eingriff. Essen und Trinken bildeten einen selbstverständlichen »Nebengenuss«. Die (Selbst-) Erziehung des Publikums setzte in dem hier betrachteten Zeitraum erst ein und brauchte noch geraume Zeit, bis sie sich endgültig durchgesetzt hatte.

Das neue Rezeptionsverhalten spiegelte die gewandelte Funktion der Kunst, die als Ausdruck menschlicher Existenzprobleme eine gewisse »Sakralisierung« bis zum Religionsersatz erlebte. Das neue Rezeptionsverhalten machte sich noch

stärker im musikalischen Raum, beim Konzert, geltend. Der Musik – sei es die professionelle Darbietung, sei es das Liebhabermusizieren – kam gerade in Wien eine ungeheure Bedeutung zu. Die große Zeit der Wiener Klassik brach eben an. Mozart siedelte Ende 1781 in die Hauptstadt über. Die »russischen« Streichquartette Joseph Haydns aus demselben Jahr und die darauf folgenden Quartette Mozarts gelten als erster Höhepunkt klassischer Kompositionskunst: In der Sonatenhauptsatzform vollzog sich die wichtigste, epochale Entwicklung; die thematische Arbeit lässt seelisch-emotionales Geschehen, wie es der Empfindungswelt des modernen Individuums entspricht, in der absoluten Musik aufscheinen.

Mozart hatte als Wunderkind 1762/1763 zweimal in Schönbrunn vor Maria Theresia musiziert, dann noch einmal im Jahr 1768. Die Kaiserin registrierte nicht im Mindesten, wie in ihrer Nähe eines der bedeutsamsten Kapitel der Weltmusikgeschichte aufgeschlagen wurde. Was sie von Musikanten wie dem jungen Salzburger hielt, offenbart sich in einem Brief an Erzherzog Ferdinand (vom 12. November 1772), worin sie ihn eindringlich davor warnt, Leute in seinen Dienst zu nehmen, die wie »Bettlergesindel« in der Welt herumziehen – gemeint war der damals fünfzehnjährige Mozart.

Beim Blick auf die Änderungen im Publikum stößt man auf das bedeutsamste sozialgeschichtliche Phänomen des 18. Jahrhunderts: die Entstehung einer Schicht von »neuen« Bürgerlichen bzw. einer »zweiten Gesellschaft«, in die sie mit einem Teil der Adligen eintraten (wohingegen der hohe Adel als »erste Gesellschaft« nach wie vor unter sich blieb und zu den niederen Gesellschaftsschichten eine klare Trennungslinie gezogen wurde). Von der Berufsstruktur her gesehen, handelte es sich vor allem um höhere Beamte, Offiziere, Gelehrte, Freiberufler, Kaufleute, Verleger und Manufakturunternehmer, die

◀ 76 Innenansicht der Wiener Loge »Zur Gekrönten Hoffnung«, um 1790; rechts im Vordergrund Mozart und Haydn. Gemälde eines unbekannten Künstlers

aus der altständischen Welt herausgewachsen waren. Ihre so-
zial-kulturelle Vernetzung erfolgte, von Verwandtschaftsbezie-
hungen abgesehen, in Institutionen wie Salons und (häusli-
chen) Gesellschaften, in denen eine kultivierte Geselligkeit
gepflegt wurde, oder den zeittypischen Aufklärungsgesell-
schaften, zu denen patriotisch-gemeinnützige Landwirtschafts-
und Lesegesellschaften sowie Geheimgesellschaften wie die
Freimaurerlogen zählten.

In diesen Assoziationen konnte sich parallel zur Publizistik
eine bürgerliche Öffentlichkeit herausbilden, die, ständeüber-
greifend, neuen kulturellen Idealen zum Durchbruch verhalf,
den kritischen Diskurs einübte und Mitgestaltung im Gemein-
wesen einforderte (ohne im Allgemeinen revolutionäre Absich-
ten zu verfolgen). Die besondere Attraktivität der Freimaurer
gründete in ihrem elitären Geheimcharakter, ihrem Versprechen brüderlicher Gleichheit und ihrem reichen Angebot ri-
tuell-symbolischer Ausdrucksformen. Aufbauend auf eine symbolisch aufgefasste Tradition der mittelalterlichen Bauhütten,
wollten sie jenseits von Staats-, Standes- und Religionszugehö-
rigkeit am »Gebäude« der Weisheit, Brüderlichkeit und sittli-
chen Selbstvervollkommnung arbeiten. Maria Theresia nahm
ihre Existenz hin, obgleich sie vom Bannstrahl der römischen
Kirche getroffen worden waren. Die Kaiserin konnte nicht darüber hinwegsehen, dass zahlreiche Persönlichkeiten von Rang,
selbst aus ihrem engsten Umkreis, den Freimaurern angehör-
ten. Ihr eigener Gemahl war 1731 in Den Haag aufgenommen
worden, enthielt sich hinkünftig aber der praktischen Betäti-
gung. Weitere bekannte Namen waren Ignaz von Born, Joseph
von Sonnenfels, Gerard van Swieten, Franz Joseph Haydn
und schließlich Wolfgang Amadeus Mozart, der etliche Musi-
ken für die Logenzusammenkünfte komponierte und dessen
›Zauberflöte‹ ihre geistige Welt spiegelt.

Lebenswende

Es ist schwer zu sagen, auf welche Weise Maria Theresia die sich abzeichnenden gesellschaftlich-kulturellen Modernisierungsprozesse wahrnahm. Sicher eignete ihr eine zutiefst konservative Grundhaltung, in die sich zum Ende ihre Lebens nostalgisch-pessimistische Züge mischten; andererseits verschloss sie sich Momenten von Rationalisierung und Modernisierung nicht, wenn sie ihrem Bestreben nach Kräftigung des monarchischen Staatswesens dienten. Eines lässt sich leicht verfolgen: ihre tiefe Abneigung gegen die Erscheinungen und Personen, die sich unter dem Banner der Aufklärung exponierten. Ihre Wahrnehmung scheint dabei einigermaßen einseitig: Es waren vor allem die freigeistigen, die skeptisch-ironischen und kritizistischen Züge der Aufklärungsbewegung, die ihr in die Augen stachen. Dagegen beharrte sie auf den überlieferten Glaubenswahrheiten, die Geborgenheit und Seelenstärke gewährten, und der Kirche, die geistige Lenkung und gesellschaftliche Stabilität garantierte. Sie glaubte, Wohlwollen, Vertrauen und Zuneigung gegen Kritisiersucht, ätzende Ironie oder bloß abstrakte Menschenfreundlichkeit in Schutz nehmen zu müssen.

Gegenüber Erzherzog Maximilian zieht sie Integrität und Glaubwürdigkeit der Aufklärungsphilosophen – an anderer Stelle fallen etwa die Namen Voltaire, Du Tissot, Haller – in Zweifel (April 1774): »Niemand ist schwächer, mutloser als diese starken Geister, niemand kriechender und verzweifelter beim geringsten Mißgeschick. Sie sind schlechte Väter, Söhne, Ehemänner, Minister, Generäle, Bürger. Warum? Die Grund-

Die Welt ist jetzt so leichtfertig, so wenig wohlwollend; alles wird ins Lächerliche gezogen und als Bagatelle hingestellt. Unsere Deutschen verlieren hiedurch die beste Eigenschaft, die sie besaßen; ein wenig schwerfällig und rauh zu sein, aber gerade, wahrhaft und fleißig. … Ich für meine Person liebe das alles nicht, was man Ironie nennt. Niemals wird irgend jemand durch sie gebessert, wohl aber geärgert, und ich halte sie für unvereinbar mit der Liebe des Nächsten.

Maria Theresia an Gerard van Swieten, 1765

lage fehlt ihnen; ihre ganze Philosophie, all ihre Grundsätze sind nur aus ihrer Eigenliebe geschöpft; die geringste Widerwärtigkeit bringt sie rettungslos zu Fall.« Wieder und wieder hören wir sie in ihren Briefen über die zunehmende Verachtung von Religion und Geistlichkeit klagen; ihre Kinder beschwört sie, als Fürsten und Fürstinnen mit gutem Beispiel voranzugehen und dem ironisierenden Zeitgeist Widerstand entgegenzusetzen, der es so weit gebracht habe, dass die religiös Gesinnten sich ihrer Frömmigkeit schämten. Das Schlimmste war, dass sie an ihrem eigenen Sohn und Nachfolger gewisse dieser unerfreulichen Züge wiedererkennen musste. Das Nebeneinander der beiden Herrscherpersönlichkeiten ab 1765 entwickelte sich höchst unerquicklich. Die Gründe dafür lagen neben sachlichen Meinungsverschiedenheiten und der widerstreitenden Herrschlust beider in ihrem unterschiedlichen charakterlichen und weltanschaulichen Profil.

Bald nachdem Maria Theresia Joseph II. die Mitregentschaft und speziell die Heeresangelegenheiten übertragen hatte, kam es zu einer harschen Strafpredigt anlässlich der Personalpolitik des Sohnes, worin sie ihn eine »Kokotte des Geistes« schilt (Brief vom 14. September 1766). Er verprelle die wenigen Ehrenmänner, auf die man sich verlassen könne, indem er es an Vertrauen fehlen lasse und sie wie alle Welt mit Ironie überziehe. Der Verlust seiner Frau Isabella (und dann 1770 auch noch der Tochter Therese) war nicht dazu angetan, die unleidlichen Wesenszüge des jungen Kaisers zu mildern. Maria Theresia drängte gegen seinen Widerstand auf eine Wiederverheiratung. Die Wahl fiel auf die Bayernprinzessin Maria Josepha. Wie fast immer war sie politisch motiviert. Die Verbindung mit der Tochter Karls VII. sollte die Aussöhnung mit dem wittelsbachischen Hause besiegeln und die Stellung des Kaisers im Reich festigen, außerdem eine Anwartschaft in be-

Ich muß Dir gestehen, das ist genau das Gegenteil dessen, was ich mein Leben lang getan habe. Ich habe immer durch gute Worte die Leute zu veranlassen gesucht, meinen Willen zu tun, sie mehr überzeugen wollen als zwingen. ... Wie sehr fürchte ich, daß Du nie Freunde finden wirst, und wer soll Joseph zugetan sein, worauf Du doch so viel Wert legst, – weder vom Kaiser noch vom Mitregenten gehen ja diese bissigen, spöttischen und bösen Züge aus, sondern vom Herzen Josephs –, und das ist es, was mich beunruhigt und was auch das Unglück Deines Lebens sein

zug auf das zu erwartende Erlöschen der bayerischen Linie der Wittelsbacher untermauern. Die am 23. Januar 1765 geschlossene Ehe stand von vornherein unter einem Unstern. Bereits zwei Jahre später (im Mai 1767) starb die unschöne, von ihrem Gatten völlig missachtete Frau an den Blattern. Maria Theresia, die ihr am Krankenbett beistand, wäre beinahe selbst der Krankheit zum Opfer gefallen. Fortan blieb Joseph II. Witwer. Damit war klar, dass die habsburg-lothringische sowie die kaiserliche Nachfolge an Leopold, den nunmehrigen

77 Kaiser Joseph II. Pastell von J. E. Liotard, 1762

Großherzog von Toskana, übergehen würde.

Reibungsflächen zwischen Maria Theresia und Joseph II. ergaben sich reichlich: sei es der außenpolitische Kurs, seien es Tempo und Reichweite der Reformen, seien es die Personalpolitik und Menschenbehandlung des Sohnes oder seine Reiselust. Ausgerechnet am Heiligabend des Jahres 1775 kulminierte einer der gravierendsten Streitpunkte: die Frage der Toleranz gegenüber anderskonfessioneller Religionsausübung, die Maria Theresia ebenso strikt ablehnte wie den von ihr diagnostizierten Indifferentismus sowie die sittliche Laxheit Josephs II. »Es ist fürwahr ein großes Unglück, mit dem besten Willen verstehen wir uns nicht«, schrieb Maria Theresia in einem Brief am 24. Dezember 1775, und sie stellte unmissverständlich

und unser aller und der Monarchie Unglück nach sich ziehen wird. ... Dein Herz ist noch nicht schlecht, aber es wird es werden! Es ist höchste Zeit, daß Du aufhörst, Geschmack zu finden an all diesen Witzworten, diesen geistreichen Wendungen, die nur den Zweck haben, andere zu betrüben und lächerlich zu machen.

Maria Theresia an Joseph II., 14. September 1765

klar: »Ich kann niemals Grundsätzen beipflichten, die hinsichtlich der Religion wie der Sitten zu wenig streng sind. Zu sehr zeigst Du Deine Abneigung gegen die althergebrachten Gewohnheiten und gegen die ganze Geistlichkeit, zu sehr allzu freie Ansichten über Aufführungen und Sittlichkeit.« Dabei gab es eigentlich keinen Grund zur Sorge, dass sich Joseph II. zu einem areligiösen oder auch nur akatholischen Menschen entwickeln würde. In seinem Selbstverständnis war er es nicht. Weder Rücktrittsangebote Maria Theresias (wie umgekehrt Josephs) noch ihre Aufforderung, ihr offen ihre Fehler vorzuhalten, oder der Vorschlag, schriftlich Grundsätze des Umgangs miteinander niederzulegen, konnten auf Dauer das Verhältnis entspannen.

Zu allem Überfluss zeigte Joseph II. Bewunderung für den Erzfeind und Korrespondenzpartner Voltaires, Friedrich II., dem er in verschiedener Beziehung nacheiferte, was sich schon im äußeren Habitus ausdrückte: Joseph II. vertauschte das spanische Mantelkleid endgültig mit der Uniform als Hof- und Staatskleid. Zweimal – 1769 in Neisse und 1770 in Mährisch

78 Leopold, seine Frau und die beiden Kinder bei Maria Theresia in Wien, 1770. Gemälde von Erzherzogin Marie Christine

Neustadt – traf er den Preußenkönig persönlich, über den die Mutter das Urteil fällte, entgegen seinem Image als neuer Salomon handle es sich um einen »rechten Charlatan«.

Mit dem Tod des Gatten hatte für Maria Theresia ein grundlegend neuer, wenig glücklicher Lebensabschnitt begonnen. Trotz Anzeichen nachlassender Lebensenergie und trotz ihrer Aversion gegen den aufgeklärten Zeitgeist führte sie jedoch ein Reformwerk weiter, das in Grenzen moderne Züge trägt. Sein Charakter lässt es berechtigt erscheinen, das theresianische Regiment in die Linie jener Variante des Absolutismus zu stellen, die man als »aufgeklärten Absolutismus« bezeichnet hat, oder in diesem Fall passender: »Reformabsolutismus« – wenngleich in einem engeren Sinne eher die Herrschaft Friedrichs II. oder Josephs II. damit erfasst wird. Eine zweckrational orientierte, auf das Gemeinwohl verpflichtete, reformfreudige Regierungspraxis können wir sicher bei Maria Theresia feststellen, wenn auch ihr Selbstverständnis noch stark theokratisch ausgerichtet war und auch sonst mannigfache Züge auftraten, die wenig zum Geist der Aufklärung passten. Es gab kaum ein Element des radikaleren Reformkurses Josephs II., das nicht unter Maria Theresia bereits angelegt worden wäre.

Die Regierungspraxis wurde maßgeblich von Beamten bestimmt, die der (gemäßigten) Aufklärung nahe standen. In dieses Umfeld gehört Joseph von Sonnenfels (1732–1817), Sohn eines vom Judentum konvertierten Wiener Universitätsprofessors; er selbst unterrichtete ebenfalls an der Wiener Universität, und zwar das neu eingerichtete Fach der Polizei- und Kameralwissenschaft (seit 1763). Daneben übte er eine Lehrtätigkeit am Theresianum aus. In vielfacher Weise wirkte er auf die öffentliche Meinung und die kulturelle Situation in Österreich ein, unter anderem auch als Herausgeber einer Wochenzeitung mit dem typisch aufklärerischen Titel ›Der Mann

Aufgeklärter Absolutismus bezeichnet eine Spätform des Absolutismus, der von den Gedanken der Aufklärung beeinflusst ist. Charakteristisch ist die Einleitung von Reformen des Staatswesens zur Förderung des Gemeinwohls. Friedrich II. bezeichnete den Fürsten daher als »ersten Diener des Staates«.

ohne Vorurteil‹, als Leiter der Theaterzensur oder als Sekretär der k. k. vereinigten Akademie der bildenden Künste. Besonders wichtig wurde sein Beitrag zur Rechtsreform, speziell der Strafrechtsreform. Die Abschaffung der Folter als Wahrheitsfindungsmittel im Jahr 1776 verdankte sich nicht zuletzt seinem Engagement. Die Todesstrafe wurde erst später unter Joseph II. abgeschafft.

Ein wichtiges Anliegen im Rechtswesen war in der Donaumonarchie wie anderswo die Kodifizierung und Vereinheitlichung des unübersichtlichen Flickenteppichs der tradierten Partialrechte. Für das Strafrecht gelang dies 1768/1769 mit der *Constitutio Criminalis Theresiana*, der »Peinlichen Halsgerichtsordnung«. Sie enthielt noch viel voraufklärerische Bestandteile wie die Delikte der Zauberei und Hexerei und Todesstrafen wie Verbrennen, Pfählen oder Vierteilen, jedoch auch modernere Auffassungen hinsichtlich Verbrechensdefinition und Verfahren. Auf dem Gebiet des Zivilrechts ließ die Erstellung eines einheitlichen Gesetzbuches trotz entsprechender Bemühungen noch auf sich warten.

Die Kirchenpolitik Maria Theresias verweist ein weiteres Mal auf die eigentümliche Stellung der Monarchin zwischen Traditionalität und Modernität. Noch 1778 bekräftigte ein Religionspatent den Katholizismus als Einheitsreligion für Österreich. Die Rigorosität von Maria Theresias Haltung gegenüber Andersgläubigen zeigte sich in der Praxis, entlarvte heimliche

79 Joseph von Sonnenfels (1732–1817). Gemälde von Johann Baptist Lampi d. Ä., nach 1800. Der Sohn eines konvertierten und 1746 mit dem erblichen Adel ausgestatteten jüdischen Gelehrten widmete sich nach dem Militärdienst dem Studium der Rechte. 1763 erhielt er eine Professur für Polizei- und Kameralwissenschaften an der Universität Wien, am Theresianum und an der Savoyschen Ritterakademie. 1769 wurde er Sekretär der Kupferstichakademie, 1770 Zensor des deutschen Theaters und Mitglied der Bücherzensurkommission, 1772 Sekretär der Akademie der bildenden Künste. Im Todesjahr Maria Theresias, 1780, wurde er zum

Protestanten durch »Transmigration« in andere Teile des Reiches, besonders nach Siebenbürgen, umzusiedeln. Nur in Einzelfällen, wenn es politisch oder wirtschaftlich von Nutzen schien, erfolgten Ausnahmen. Dennoch: Obwohl treue Tochter ihrer Kirche, sah die Herrscherin darauf, dass die Kompetenzen der Kirche im Verhältnis zu denen des Staates strenger abgegrenzt – und das heißt: zurückgeschnitten – wurden. »Die Grenzen der Kirchengewalt sind durch ihren geheiligten Gegenstand bestimmt; dieser ist, gleichwie ihr Endzweck, pur geistlich, und besteht in der Verkündigung christlicher Glaubens- und Sittenlehre, Ausspendung der Sakramente, Anordnung des Gottesdienstes und der inneren Kirchendisziplin. Alle übrige Gewalt, die außer diesen geistlichen Gegenständen von der Kirche, derselben Vorstehern und insonderheit ihrem Oberhaupt, dem Papst, besessen und ausgeübt wird, kommt nicht von der ursprünglichen göttlichen Einsetzung, sondern entweder von der freiwilligen Verleihung oder frommen Nachgiebigkeit der Landesherren und kann also von diesen, soferne es das gemeine Wohl des Staates erfordert, nach Maße der veränderten Zeit- und anderen Umständen wieder eingeschränkt, modifiziert, oder wieder eingezogen werden.« So formulierte sie die Grenzziehung in einer Instruktion für den neuen Botschafter beim Heiligen Stuhl, Franz Herzan Reichsgraf von Harras vom Ende des Jahres 1779. Maria Theresias Kirchenreform kann man als erste Stufe des »Josephinismus« ansehen (die historische Begrifflichkeit schließt sich an die Regierung des radikaleren Nachfolgers an); sie verfuhr im Einzelfall recht skrupulös und glaubte sich durchaus in Übereinstimmung mit dem Papst.

Unter ihren Mitarbeitern waren es an erster Stelle Hofrat Franz Joseph von Heinke und Staatskanzler Kaunitz, die die Kirchenpolitik ausformten. Die jansenistische Strömung in der

Wirklichen Hofrat bei der böhmisch-österreichischen Hofkanzlei und Hervorragendes Mitglied der Studienhofkommission, 1811 Präsident der Akademie der bildenden Künste. Nachdem er bereits 1797 in den Reichsfreiherrenstand erhoben worden war, wurde er 1806 zum Ehrenbürger Wiens ernannt.

Theologie hatte das Feld für Reformen mit bereitet. Administrative Schaltstelle dafür war ab 1769 der *Consessus in publico-ecclesiasticis* (unter Leitung von Heinke) innerhalb der Böhmisch-österreichischen Hofkanzlei. Er bemühte sich darum, die Rechte der Kirche auf die geistlichen Dinge einzugrenzen, während die gemischten Dinge, zum Beispiel die Ausbildung der Kleriker oder Bistumsverleihungen, für die Zuständigkeit des Staates reklamiert wurden.

Die kirchenpolitischen Aktivitäten zeitigten unter Maria Theresia ein beachtenswertes Regelwerk von 164 Verordnungen. Der Klerus wurde verstärkt zur Steuer herangezogen, das kirchliche Asylrecht eingeschränkt, und die Zahl der kirchlichen Feiertage wurde reduziert. Für die Erlangung einer kirchlichen Pfründe wurde das Universitätsstudium verpflichtend vorgeschrieben. Es entstanden Pläne zur Einrichtung eines Religionsfonds, um die Priesterausbildung zu verbessern und die Zahl der Pfarreien zu vermehren. Besonders wurden die Klöster ins Visier genommen, in denen sich nach einer internen Äußerung Maria Theresias zu viele Müßiggänger tummelten. Mit Zustimmung des Papstes verfielen 80 Klosterkonvente der Säkularisierung; das erzielte Kapital kam einer Vermehrung der Pfarreien zugute. Das Mindestalter für die Ablegung der endgültigen Klostergelübde (Profess) wurde auf das 24. Lebensjahr festgesetzt.

Schließlich drängten die Reformen im Schulwesen den Einflussbereich der Kirche zurück. In die Reformzeit der siebziger Jahre fiel die Aufhebung des Jesuitenordens (1773), der sich allerorten politisch missliebig gemacht hatte, durch Papst Clemens XIV. Das wirkte sich unter anderem im Bildungswesen aus, innerhalb dessen die Jesuiten das höhere Schulwesen – die Lateinschulen – wie auch die Hochschulen dominierten. Fragen des Bildungswesens fanden in der zweiten Hälfte des 18. Jahr-

Der **Jesuitenorden** (Societas Jesu), von Ignatius von Loyola (1491–1556) begründet, war eine der bedeutsamsten Reaktionen des Katholizismus auf die Reformation. Er betätigte sich vor allem als Lehrorden und stellte häufig die Beichtväter der Herrscherhäuser. 1773 aufgehoben, wurde er bereits 1814 wieder zugelassen.

80 Unterricht in einer Schulstube. Gemälde eines unbekannten Künstlers, um 1750 ▶

hunderts überall vermehrte Aufmerksamkeit. Das hing zum
einen mit dem pädagogischen Grundimpetus der Aufklärung
zusammen, zum anderen mit dem Interesse der absolutistischen Staaten an einer Hebung des allgemeinen Bildungs-
niveaus und speziell an einer Qualifizierung der Staatsdiener-
schaft.

Eine administrative Restrukturierung ging wie auf allen Re-
formfeldern damit einher. Sie wies gerade auf diesem Gebiet
eine besondere Signalwirkung auf, denn sie markierte die Ver-
selbstständigung und Professionalisierung eines Sektors, dem für
die gesellschaftliche Modernisierung besonderes Gewicht zu-
kommen sollte. Das hieß freilich nicht, dass man für das pädago-
gische und schulorganisatorische Geschäft nicht weiterhin hätte
in erheblichem Umfang auf Geistliche – und nach Aufhebung
des Jesuitenordens auf Exjesuiten – zurückgreifen müssen.

Ein Markstein war die Errichtung der Studienhofkommission
(1757/1760), des Vorläufers eines Unterrichtsministeriums, mit
vorgeschalteten Studien-Kommissionen in den Ländern. Die
altehrwürdige *Ratio studiorum* der Jesuiten für das Lateinschul-
wesen musste 1764 einem neuen Lehrplan weichen, der seinerseits im Jahr 1775 durch ein von dem Piaristen Gratian Marx
ausgearbeitetes Curriculum abgelöst wurde. Die Entwicklung
lief darauf hinaus, dass der Lehrgang gestrafft, neben dem

weiterhin dominierenden Latein der Deutschunterricht ausgeweitet, in verstärktem Umfang Realfächer (Geschichte, Geografie, Naturkunde, Mathematik) einbezogen, die Didaktik modernisiert und die Schulaufsicht intensiviert wurde.

In den Universitäten waren die Jesuiten schon seit Anfang der fünfziger Jahre systematisch verdrängt worden. Allerdings folgte der jesuitischen Dominanz nun eine staatliche Bevormundung (vor allem durch die Institution der Studiendirektoren) mit einer starken Tendenz zur Verschulung. Der kaiserliche Leibarzt van Swieten war anfangs der hauptsächliche Protagonist der Universitätsreform, die ihren Schwerpunkt an der Universität Wien hatte. Auf dem ihm am nächsten liegenden Gebiet der Medizin gelang ihm eine grundlegende Erneuerung, indem er neue Professoren von auswärts berief, den Krankenbettunterricht in einer neu geschaffenen Lehrklinik einführte, ein chemisches Laboratorium, eine Sezierkammer und einen botanischen Lehrgarten einrichtete und tüchtige medizinische Lehrer heranzog. Er begründete damit die Erste Wiener Medizinische Schule, die eine gewichtige Rolle in der Entwicklung der Medizin insgesamt spielte.

Die Universitätsreform erlebte in den 1770er-Jahren einen zweiten Schub, vor allem was die Einrichtung der Lehrpläne betrifft. So brachte beispielsweise die Erneuerung des Theologiestudiums (unter Federführung des Benediktinerabtes und Theologieprofessors Stephan Rautenstrauch) die Abschaffung der scholastischen Methode, die Akzentuierung von Textstudium und Textkritik sowie die Verstärkung praktisch-seelsorgerischer Elemente. Eine starre Bindung an approbierte Lehrbücher war der weiteren Entwicklung der Universitäten freilich alles andere als förderlich.

Neben den nur einer kleinen Schicht der Bevölkerung zugänglichen höheren Schulen richtete sich das Augenmerk der

---

Früher lehrte man in den Schulen, ohne sich darum zu bekümmern, ob das, was man der Jugend beibrachte, auch so gelehrt würde, wie man es braucht. Man begnügte sich … damit, die Kinder bloß lesen und einen kurzen Katechismus auswendig lernen zu lassen; an das Rechnen oder andere Fächer wurde nicht gedacht. Nun bemüht man sich, a) nichts, als was man im täglichen Leben braucht, und dies so, wie man es braucht, zu lehren. b) Man trachtet danach, … brauchbare, arbeitsame und gesittete Leute … zu bilden.
Johann Ignaz von Felbiger, ›General-Landschul-Reglement …‹, hg. 1958

reformabsolutistischen Obrigkeit – forciert in den 1770er Jahren – auf die Verbesserung des Primarschulwesens, wo es bislang sehr dürftig zuging. Eine breitere Alphabetisierung, eine solidere Grundausbildung für den einfachen Untertan konnte dem Staatswesen nicht schaden, hoffte man doch, dadurch den noch immer grassierenden Aberglauben verdrängen, eine rationalere Mentalität erzeugen und effektiveres Wirtschaften bewirken zu können – alles nur im Rahmen einer »verhältnismäßigen Aufklärung«, versteht sich, denn der Schuster sollte nach wie vor bei seinen Leisten und der Bauer bei seiner Scholle bleiben.

Schulkommissionen in den Ländern – vor allem die übergreifend wirksame niederösterreichische Schulkommission – zentrierten ab 1770 die Reformbemühungen. Bei ihnen eingerichtete Schulfonds sollten Qualität und Umfang des Schulnetzes steigern, was allerdings angesichts dürftig fließender Geldquellen über ein bestimmtes Maß nicht hinausging. Mit Hilfe des aus Schlesien »importierten« bekannten Schulreformers Johann Ignaz von Felbiger und unterstützt durch die Kreisämter als Schulaufsichtsbehörden, ging man daran, den altgewohnten Schulstaub auszufegen und den meist auf die Wintermonate beschränkten Schulbesuch auszuweiten. Markstein war die »Allgemeine Schulordnung« von 1774. Wichtige didaktische Neuerungen wie das »Katechisieren« (fragend entwickelnde Methode) oder Zusammenunterrichten (gleichmäßiges Einbeziehen aller Schüler statt sukzessives »Überhören« Einzelner) sollten das traditionelle Schulehalten aufbrechen, in dem bislang das Auswendiglernen von Gebeten und Katechismustexten vorgeherrscht hatte. Normalschulen genannte, als Lehrerseminare dienende Musterschulen sollten qualifizierteres Lehrpersonal, ein eigens gegründeter Schulbuchverlag das erforderliche Lehrmaterial liefern. Der Kirche kam auf der mitt-

81 Maria Theresia beim Briefe-
schreiben. Anonyme Miniatur,
nach 1765

leren und oberen Ebene der Schulverwaltung nur noch beraten-
de Funktion zu; auf der Bezirks- und vor allem der Ortsebene
behielt die Geistlichkeit ein unmittelbares Aufsichtsrecht, wurde aber von der staatlich-grundherrlichen Administration »ein-
gehegt«.

Erfolge stellten sich durchaus ein. Eine durchgreifende, auf
die Breite wirkende Verbesserung konnte freilich nur in einem
langfristigen Prozess gewonnen werden, der noch ein gutes
Stück ins 19. Jahrhundert hineinreichte. In der Landwirtschaft
(eventuell auch im textilen Heimgewerbe, als Spinner oder We-
ber) seinen Lebensunterhalt zu finden, war und blieb für den
weitaus größten Teil der Bevölkerung (um 70 % oder mehr)
durch Geburt vorgegebene Bestimmung. Maria Theresia unternahm ernsthafte Anstrengungen, die Situation der erbunterta-
nigen Landbevölkerung zu verbessern, wenn sie auch die feu-
dale Gesellschaftsstruktur nicht grundsätzlich antasten wollte.

Inwieweit sich christlich-obrigkeitliche Obsorge und fiskali-
sches Interesse mischten, ist schwer auseinander zu halten. Die
feudalen Abhängigkeiten differierten regional und wirkten sich
unterschiedlich auf die Lebensverhältnisse der Menschen aus.
Besonders trist sah es etwa in Böhmen aus. Eine im Jahr 1768
von der Kaiserin angeordnete behördliche Untersuchung an
der Fürst Manfeld gehörenden Herrschaft Dobrzich beispielsweise förderte eine ganze Reihe von Missständen zutage: »Steu-
erübervorteilungen, Erpressung von Geld und Wirtschaftser-
zeugnissen durch die Herrschaft selbst sowohl wie durch die
Wirtschaftsbeamten; zwangsweise Verhaltung zum Kaufe ob-
rigkeitlicher Feilschaften, Monopolisierung des Getreidehan-
dels, Bewucherung der Untertanen aus den obrigkeitlichen
Schüttkästen, Wildplackereien und Nichtgewährung des Wild-
schadenersatzes, Schikanen bei der Gewährung von Brenn- und
Bauholz sowie der Zulassung zu den Hutweiden, Nichtzah-

Das **Feudalwesen** hatte sich im Lauf
der Frühen Neuzeit von seinen Ur-
sprüngen im Mittelalter erheblich
entfernt und in die ständische Gesellschaft umgeformt, variierte außerdem
regional außerordentlich, bezeichnete aber auch im 18. Jahrhundert
immer noch ein grundlegendes Ge-
staltungsprinzip der Gesellschaft.

Es umfasste die Beziehung zwischen
weltlichen oder geistlichen Feudal-
und Landesherrn und untertäniger
Landbevölkerung (die Städte spielten immer schon eine Sonderrolle).
Der Idee nach sollte dabei der Abhängigkeit der Grundholden eine
Schutz- und Fürsorgepflicht der
Grundherren gegenüberstehen.

lung der patentmäßigen Gebühren bei weiten Fuhren seit mehr als dreißig Jahren, eigenmächtige Versetzungen und Grundvertauschungen oder Einbeziehung zum Hoffelde, unmäßige Überbürdungen mit Frondiensten und Verwendung derselben auch zu Bergwerksarbeiten und in Hütten- und Hammerwerken, willkürliche Steigerung der Frongelder, dazu unmenschliche Strafen und Mißhandlungen bei den geringsten Anlässen.«

In den sechziger und siebziger Jahren häuften sich die landesmütterlichen Interventionen. Die große Hungersnot von 1770–1772 trug das ihre dazu bei, den ländlichen Verhältnissen eine verschärfte Aufmerksamkeit zuzuwenden. 1764 wurde zur Förderung des agrarischen Fortschritts die Gründung von Landwirtschaftsgesellschaften angeordnet. 1765 wurde der grundherrschaftliche Ehekonsens abgeschafft, 1768 den bäuerlichen Produzenten der freie Handel mit allen ihren Landesprodukten gestattet, 1769 die Verhängung der Zuchthausstrafe durch die Herrschaft von der Genehmigung des Kreisamtes abhängig gemacht. 1770 ergingen eine Reihe gegen Grundherrnvorrechte oder -anmaßungen gerichtete Verbote: Es fielen der Gesindezwang (die zwangsweise Dienstleistung der bäuerlichen Jugend), die Gebühren für eine Niederlassung außerhalb der Herrschaft, Entschädigungszahlungen bei Ausübung eines Gewerbes, überhaupt die Auferlegung willkürlicher Geldstrafen sowie der Zwang, dem Grundherrn das Vorkaufsrecht für Eigenprodukte einzuräumen. Verschiedene Robotpatente, so 1772/1773 für die österreichischen, 1775 für die böhmischen Länder, brachten die Festlegung von zeitlichen Obergrenzen für die Robotleistung (zum Beispiel zwischen 104 und 12 Tagen, je nach Leistungsfähigkeit, in den österreichischen Ländern).

In Ungarn brachte die Urbarregulierung 1766–1779 mit der Fixierung von Gütergrößen, von Pflichten und Rechten der

---

Unter **Robot** (Frondienst) fasste man die Dienstverpflichtungen für den Grundherrn zusammen: Bauarbeiten, Ackern, Erntearbeiten, Jagen, Treiben, Spinnen. Sie war die zweite Säule der Grundherrschaft neben den Natural- und Geldabgaben. Außer der Fixierung der Robotleistung versuchte die theresianische Politik die Ablöse der Robot in Geld zu fördern. Im Robotpatent für die österreichischen Länder (1772/1773) wurde das Maximum auf 104 Tage für Halb- und Viertellehner, 52 Tage für Kleinhäusler mit mehr als einem Joch Grund, 26 Tage für ärmere Kleinhäusler und 12 Tage für Inleute festgelegt, wobei jeder Robottag zehn Arbeitsstunden umfasste.

82 Maria Theresia vor dem Lager von Laxenburg. Heliogravur nach dem Gemälde von Joseph Neuhauser

Untertanen ebenfalls eine Besserung der Lage. Aus der Erfahrung von Aufständen böhmischer Bauern heraus arbeitete Maria Theresia 1775 darauf hin, Leibeigenschaft und Frondienste überhaupt abzuschaffen. »Leute ohne Hoffnung haben nichts zu verlieren und sind zu fürchten«, war ihre Einsicht. »Ich möchte die Leute zum Gehorsam bringen und ihnen doch zugleich Erleichterungen verschaffen.« Weitergehende Maßnahmen scheiterten aber am Widerstand der Grundherren und vor allem Josephs II., der sich auf ihre Seite geschlagen hatte, weil er eine Destabilisierung der Feudalgesellschaft befürchtete. Wenigstens auf ihren eigenen Gütern in Böhmen, Mähren und in der Steiermark begann die Kaiserin, die Erbuntertänigkeit aufzuheben, Domänenland an Bauern gegen Zinsleistung in Erbleihe auszugeben.

Auf außenpolitischem Gebiet blieb Maria Theresia in ihrer letzten Regierungszeit nicht erspart, zweimal den Widerstreit von Machtpolitik und Moralität mit sich auszufechten. Bislang

Die Türken (Osmanisches Reich) und Europa im 18. Jahrhundert:
Die letzte große, fehlgeschlagene Belagerung Wiens 1683 unter Kara Mustafa signalisierte und förderte die innere Schwächung des Osmanischen Reichs, das unter Korruption, Rivalität lokaler Machthaber und sozialen Unruhen litt. Die internationale Konstellation sah in der Folge so aus: Habsburg, Venedig und Russland als Feinde des Osmanischen Reichs; die Gegner Habsburgs und Russlands, v. a. Frankreich und Schweden, als Bündnispartner. Zwischen Habsburg und Russland entwickelte sich allerdings ein Dauerkonflikt um die Vorherrschaft in den türkischen Balkan-

hatte sie bei ihren kriegerischen Unternehmungen das Recht auf ihrer Seite gewusst. Bei der Ersten polnischen Teilung 1772 und im Bayerischen Erbfolgekrieg 1778/1779 sah es mit Recht und Moral trübe aus. Es lag ganz auf der Linie russischen Machtzuwachses, dass es Katharina II. gelang, nach dem Tod Augusts III. 1763 im Jahr darauf ihren Günstling Stanislaus Poniatowski ziemlich problemlos als Stanislaus II. auf den polnischen Thron zu bringen; rigoroser denn je trumpfte Russland in den folgenden innerpolnischen Auseinandersetzungen auf. England hatte sich auf die kolonialen Angelegenheiten zurückgezogen; bald (1775) musste es sich mit dem amerikanischen Unabhängigkeitskrieg auseinander setzen. Frankreich und Österreich gingen relativ geschwächt aus dem Siebenjährigen Krieg hervor. Das isolierte Preußen fand sich gut beraten, mit Russland 1764 ein Bündnis einzugehen: ein gewaltiger diplomatischer Erfolg Friedrichs II.

Die Türken, die mit den Gegenspielern Stanislaus' paktierten, bekamen die gewachsene Kraft des Zarenreiches zu spüren. Der 1768 entbrennende Krieg zwischen den beiden Kontrahenten war nicht nur dazu angetan, die polnische Thronfolge zu festigen, sondern die schon länger angebahnten Aktivitäten Russlands am Schwarzen Meer und auf dem Balkan mit grandiosen Erfolgen zu krönen. Angesichts der russischen Positionsgewinne schrillten in ganz Europa die Alarmglocken. Selbst Friedrich II. besann sich auf die austarierende Funktion Österreichs; die Treffen mit Joseph II. sind auch vor diesem Hintergrund zu sehen.

1769/1770 zeichnete sich die Gefahr eines europäischen Krieges drohend am Horizont ab. Wegen Erschöpfung der Ressourcen war man jedoch allerseits auf eine Politik der Kriegsvermeidung bedacht. Das »Krisenmanagement« brachte die drei östlichen Mächte zu der Lösung, die Situation durch ter-

provinzen. Über das Osmanische Reich herrschten in dieser Zeit die Sultane Ahmed III. (1703–1730), Mahmud I. (1730–1754), Mustafa III. (1757–1774) und Selim III. (1789–1807). In den Kriegen 1714–1718 (Friede von Passarowitz), 1736–1739 (Friede von Belgrad), 1768–1774 (Friede von Küçük Kaynarce), 1787–1792 (Friede von Jassy) erlitt das Osmanische Reich große Gebietsverluste: Ungarn, Serbien nördlich von Belgrad, Siebenbürgen und die Bukovina gingen an Österreich, an Russland die Nordküste des Schwarzen Meeres von den Fürstentümern im Westen bis zum Kaukasus im Osten, einschließlich Bessarabien, Podolien und der Krim.

ritoriale Befriedigung der Beteiligten auf Kosten eines Vierten zu entschärfen. Um nicht Russland und Preußen die Beute zu überlassen, willigte die zunächst zögernde Hofburg in die Zerstückelung Polens ein und unterzeichnete am 5. August 1772 den Teilungsvertrag. Ostgalizien und Lodomerien kamen an Österreich (das zuvor schon die von Ungarn im Mittelalter verpfändeten Zipser Städte und Teile des Karpatenvorlandes annektiert hatte). Westpreußen, das heißt das Kulmer Land, das Bistum Ermland und der Netzedistrikt, rundeten das Staatsgebiet Friedrichs II. ab. Russland erhielt den Löwenanteil: den polnischen Teil Livlands, Weißrussland (zwischen Düna und Dnjepr) und weitere Gebiete.

Österreich erwarb 1773/1775 durch einen Geheimvertrag noch die Bukovina von den Türken, quasi als Vermittlungshonorar im Frieden zwischen der Pforte und Russland. Polen verlor annähernd 30 % seiner Fläche und 35 % seiner Bevölkerung. In der unverfrorensten Weise bedienten sich die Starken beim Schwachen; die alteuropäische Außenpolitik, auf ein Mindestmaß von Recht und guten Sitten bedacht, fand ihr Ende.

Wenigstens wurde durch den machtpolitischen Schachzug ein großer europäischer Krieg vermieden. Maria Theresia schlug sich auf die Seite dieser von Joseph II. und Kaunitz forcierten Machtpolitik. In einem Brief an ihren Sohn Ferdinand rechtfertigte sie sich: »Durch wie lange Zeit habe ich mich dagegen gewehrt! Nur die Schlag auf Schlag sich folgenden Un-

83 Die Teilung Polens. Kupferstich von Erimeln (d. i. Noël Lemire) nach Jean M. Moreau d. J. Katharina II., Joseph II. und Friedrich II. zeigen »ihre« Gebiete auf der polnischen Landkarte.

Das Kurfürstentum Bayern zur Zeit Maria Theresias:
Karl Albrecht (1726–1745), Sohn aus zweiter Ehe Max Emanuels mit Maria Josepha, einer Tochter Josephs I., versuchte im Österreichischen Erbfolgekrieg das habsburgische Erbe anzutreten, wurde 1742 als Karl VII. gekrönt, konnte sich aber nicht be-

glücksfälle der Türken, die Aussichtslosigkeit, von Frankreich oder England Beistand zu erhalten, die Wahrscheinlichkeit, allein einen Krieg gegen Rußland und Preußen führen zu müssen, Elend, Hungersnot und verderbliche Krankheiten in meinen Ländern zwangen mich, auf diese unseligen Vorschläge einzugehen, die einen Schatten werfen auf meine ganze Regierung. Gott wolle, daß ich dafür nicht noch in der anderen Welt zur Verantwortung gezogen werde.« – »Sie weinte, doch sie nahm«, bemerkte der Spötter in Potsdam.

Im Jahr 1777 erlosch mit dem Tod des kinderlosen Kurfürsten Maximilian III. Joseph, Sohn jenes glücklosen Kaisers Karl VII., die bayerische Linie der Wittelsbacher. Joseph II. und Kaunitz sahen die Chance gekommen, durch ein Geschäft mit dem Erben, dem pfälzischen Kurfürsten Karl Theodor, einen kräftigen Auftrieb für Macht und Ansehen des Hauses Österreich herbeizuführen, insbesondere den Verlust Schlesiens wettzumachen. Der dreiundfünfzigjährige Karl Theodor entstammte der Wittelsbacher Linie Pfalz-Sulzbach. Er besaß selbst keine legitimen Erben, allerdings eine Reihe illegitimer Kinder, für die der Kaiser eine Versorgungsofferte in Form eines erblichen Reichsfürstentums unterbreitete. Da das Gesamterbe also sowieso nicht für das eigene Haus zu bewahren war, sondern gemäß wittelsbachischer Hausverträge an den entfernten Neffen Karl August von Pfalz-Zweibrücken fallen würde und Bayern wenig Reiz für ihn besaß, ging Karl Theodor auf die Wünsche des Kaisers ein. Kurz nachdem er von Mannheim in das ungeliebte München umgezogen war, schloss er am 3. Januar 1778 mit Österreich einen Vertrag, in dem er Ansprüche des Kaisers auf bayerische Gebiete anerkannte, sei es, dass sie sich auf den Heimfall von Lehen stützten oder auf dreieinhalb Jahrhunderte zurückreichende, höchst zweifelhafte habsburgische Erbansprüche. Um immerhin rund ein Drittel des Kurfürs-

haupten. Sein Sohn **Max III. Joseph** (1745–1777) verglich sich mit Maria Theresia und bescherte dem Land eine dreißigjährige fruchtbare Friedenszeit (u. a. 1759 Gründung der kurbayerischen Akademie der Wissenschaften). Sein Tod brachte, da er kinderlos war, die pfälzische Linie der Wittelsbacher an die Regie-

rung: **Karl Theodor von der Pfalz** (1778–1799) verfolgte eine Reformpolitik im Sinne des aufgeklärten Absolutismus. Wiederholte Versuche Josephs II., Bayern – im Tausch gegen die österreichischen Niederlande – an sich zu bringen, scheiterten, nicht zuletzt an der Intervention Friedrichs II. von Preußen.

tentums Bayern ging es dabei. Er erhielt noch nicht einmal eine definitive Zusage, die österreichischen Niederlande als Kompensation zu bekommen. Gedankenspiele um den Erwerb Bayerns, meist verknüpft mit dem Projekt eines Tausches gegen die abseits gelegenen südlichen Niederlande, hatten mindestens seit Anfang des Jahrhunderts in der Hofburg Tradition. Umgehend ließ Joseph II. die zugesprochenen Gebiete Niederbayerns und der Oberpfalz militärisch besetzen.

In den anderen Hauptstädten glaubte man seinen Augen nicht zu trauen. Die verschreckten kleineren Reichsfürsten, denen das Schicksal Polens vor Augen schwebte, boten sich für die preußische wie für die französische Politik als Schützlinge an. Friedrich II. warf sich zum Hüter des Reichsrechts (das ihn bislang wenig geschert hatte) und Wächter des Mächtegleichgewichts auf und unterstützte den Protest des präsumtiven Erben, des Herzogs von Pfalz-Zweibrücken, beim Regensburger Reichstag. Er begnügte sich aber nicht mit papierenen Interventionen, sondern ließ im Juli 1778 – wieder einmal – Truppen in Böhmen einrücken. Der gewiefte Stratege verquickte mit diesen Aktivitäten zusätzlich die Ambition auf die Sukzession in den fränkischen Markgrafschaften Ansbach und Bayreuth, die von hohenzollernschen Nebenlinien regiert wurden. Der von Maria Theresia gefürchtete Kriegsfall war eingetreten.

Die Kaiserin bereute längst ihre Nachgiebigkeit, der Konvention mit dem Pfälzer zugestimmt zu haben. Österreich hatte sich völlig isoliert. Sachsen war diesmal auf die preußische Seite getreten. Der Bundesgenosse Frankreich ging deutlich auf Distanz. Maria Theresia befürchtete das Schlimmste, sah das Bündnis mit Frankreich kippen. Schon im März 1778 beschwor sie Joseph, das bayerische Abenteuer aufzugeben. Wie selten mag man aus dem Mund eines Staatsoberhaupts eine solche Bekundung gehört haben: »Was für ein abscheu-

Es handelt sich um nichts Geringeres als um den Verlust unseres Hauses und Reiches und sogar um einen gänzlichen Umsturz in Europa. Kein Opfer ist zu groß, um dieses Unheil noch rechtzeitig zu verhüten. Ich werde mich gern zu allem hergeben, selbst zur Herabwürdigung meines Namens. Möge man mich doch für unzurechnungsfähig, schwach oder feige halten, nichts soll mich hindern, Europa dieser gefährlichen Lage zu entreißen.

Maria Theresia an Joseph II., März 1778

liches Geschäft ist doch der Krieg; er ist gegen die Menschlichkeit und gegen das Glück!«

Jetzt gingen drängender als je zuvor Briefe nach Paris, an ihre Tochter, seit 1774 Königin von Frankreich, und ihren Gesandten, Mercy d'Argenteau. Obwohl sie im Februar 1779 ihrem Sohn Ferdinand gestand: »ich bin ganz heruntergekommen und kann nicht mehr«, fand sie doch die Kraft, das Ruder herumzureißen. Hinter dem Rücken des erbosten Joseph II., aber mit Zustimmung des Staatskanzlers, suchte sie das Einvernehmen mit dem Preußenkönig. Am 13. Mai 1779 kam, mit diplomatischer Unterstützung von Frankreich und Russland, der Friede von Teschen zustande. Diesmal hatte Maria Theresia im Gegensatz zu der polnischen Affäre die Waage auf die Seite der Rechtmäßigkeit geneigt (was freilich umso leichter fiel, als es auch die realpolitische Vernunft nahe legte). In Erinnerung geblieben ist der kurze, militärisch wenig spektakuläre Waffengang als »Kartoffelkrieg« oder »Zwetschgenrummel«, weil die gegnerischen Truppen mehr als mit kriegerischen Aktivitäten damit beschäftigt waren, sich gegenseitig die Nahrungsmittel von den Feldern wegzunehmen. Das Ergebnis war – außer einem österreichischen Prestigeverlust: Preußen sicherte sich die Erbfolge in Ansbach und Bayreuth, Österreich zog sich aus Bayern zurück und erhielt als Trostpflaster lediglich das Innviertel mit Braunau.

84 Albert und Marie Christine zeigen der Mutter die mitgebrachten Bilder. Tempera von Friedrich Heinrich Füger, 1776

Es war die letzte politische Tat der Kaiserin. Maria Theresia hat sich an ihrem Lebensende vereinsamt gefühlt. Ihre Kinderschar, vor allem auch ihre Enkel, bereiteten ihr Freude, teilweise aber auch bitteren Kummer, so der schwierige Joseph (an dem sie gleichwohl hing), die störrische Maria Amalia, die flatterhafte Marie Antoinette. Viele Vertraute und nahe Stehende waren ihrem Gatten in den Tod gefolgt. Seine Ruhestätte, die Kapuzinergruft, die sie selbst wie ihre Vorfahren aufnehmen würde, besuchte sie oft. Sie bereitete sich auf ihr Ende vor, prüfte ihr Gewissen. Sehr offen, zugleich mit gelassenem Gottvertrauen beobachtete sie ihren körperlichen Verfall. Schon 1769 hatte sie der Gräfin Edling anvertraut: »Meine äußerliche Gesundheit scheint zwar gut; ich bin sehr fett, mehr als meine hochseligste Frau Mutter, auch roth, besonders seit den Blattern, aber die Füße, Brust, Augen gehen zu Grunde; erstere sind sehr geschwollen; ich erwarte täglich das Aufbrechen. Die Augen sind schier gar hinweg; das Übelste ist, daß ich kein Glas noch Brillen brauchen kann. Die Brust fühlt, glaube ich, einen guten Anfang von Dampf, denn mit dem Athmen, auch ebenen Fußes und sogar im Liegen, es schwer geht. Ich kann mich nicht beklagen: der Mensch muß aufhören. Fünfzig Jahre war ich ganz gesund; es ist billig, daß ich doch auch etwas empfinde; es ist eine Barmherzigkeit Gottes.«

Nach einer Erkältung Anfang November 1780 erkrankte sie auf den Tod. Die älteste Tochter, Maria Anna, schildert das Ende ihres Lebens am 29. November: »Sie ließ uns sagen, wir Schwestern [Maria Anna, Marie Christine und Marie Elisabeth] möchten keine mehr zu ihr kommen …, sie wolte nicht, das wir sie sterben seheten, wir sollten in die kirchen gehen … Sie nahm die gantze krankheit alle medicinen, so man ihr gab; aber 3 stund vor ihrem Tod bracht ihr der Störck [Leibarzt Anton Freiherr von Störck] eine mixtur, sie lächelte und sagte, ich

Der entseelte kais. allerhöchste Leichnam … wurde den 30. darauf um 7 Uhr abends geöffnet und balsamiert … Freitags den 1. Dezember früh morgens wurde der Leichnam in der grossen Hofkapelle auf einem 4 Stufen hohen … Trauergerüst … exponiert. Zur rechten Hand war der silberne Becher, worin das Herz; zur linken auf dem 3. Staffel abwärts des Hauptes der Kessel mit den Eingeweiden. Sodann sah man neben der Leiche … die kaiserliche sowie die königl. ungarische und böhmische Krone nebst dem Erzherzogshut. *Aus den Protokollakten*

bedanke mich, diß gehört nur, um mich aufzuhalten, diß nehme ich nicht, und nahm auch nichts mehr; fünff minuten vor ihrem tod stund sie mit gewalt von ihrem sessel auf und machte einige schrit bis zu ihrer Chaise longue, wo sie zusammensank, man legte sie so gut als möglich hinauff, sie helffte sich noch selbst, der kayser sagte, Ihro Mayst. liegen sehr übel; ja, sagte sie, aber gut genug um zu sterben; sie machte noch drey vier athemzug und verschied.«

Wenn sie auch bei ihren Untertanen an Popularität verloren hatte, so würdigten doch schon Zeitgenossen wie Friedrich Gottlieb Klopstock oder Matthias Claudius die politische und menschliche Größe dieser Frau. Auch Friedrich II. zollte seiner erbittertsten Gegnerin Achtung: »Sie hat ihrem Thron und ihrem Geschlecht Ehre gemacht.« Auf einem der Zettel in ihrem Gebetbuch bilanzierte Maria Theresia selbst ihr Leben auf eine Weise, wie sie es im Hinblick auf ihren himmlischen Richter für notwendig erachtete, vor dem sie zu bestehen hoffte: »In religions, geistlich, justizsachen, Kinderzucht, standsobligationen weiß ich mich nicht besonders schuldig. ich klag mich aber an aller unwissenden fremden vergessenen sünden und all meiner gebrechen, erkenne mich vor Gott schuldig aller in mein leben begangenen krieg aus hoffart, neid, zorn, trägheit, weichlichkeit, wider den Nächsten in Reden, in wenig charitat.«

85 Maria Theresias letzter Tag (29. November 1780). Kupferstich von Hieronymus Löschenkohl nach eigener Zeichnung, 1780

Zeittafel

1713   Die »Pragmatische Sanktion«
bestimmt die Unteilbarkeit der
habsburgischen Länder und
legt für den Fall des Erlö-
schens des Hauses im Man-
nesstamm die weibliche Erbfolge fest.

1713/1714   Der Friede von Utrecht
beendet den Spanischen Erbfolgekrieg (1701–1713/1714).

1717   13. Mai: Maria Theresia als
Tochter Karls VI. und seiner
Gemahlin Elisabeth von
Braunschweig-Wolfenbüttel
geboren.

1733–1735   Polnischer Thronfolgekrieg.

1736   12. Februar: Vermählung Maria Theresias mit Herzog Franz
Stephan von Lothringen.

1737   Nach Aussterben des Hauses
Medici wird Franz Stephan
Großherzog von Toskana.
Geburt des ersten Kindes, der
Tochter Maria Elisabeth
(† 1740).

1740   Friedrich II. folgt seinem Va-
ter Friedrich Wilhelm I. († 31.
Mai) auf den preußischen
Königsthron. Nach dem Tod
Karls VI. am 20. Oktober tritt
Maria Theresia seine Nach-
folge in den habsburgischen
Ländern an.

1740–1742   Erster Schlesischer
Krieg.

1741–1748   Österreichischer Erbfolgekrieg.

1741   Krönung Maria Theresias zur
Königin von Ungarn.

Elisabeth I. wird Zarin von
Russland. Kurfürst Karl Albrecht von Bayern lässt sich
als König von Böhmen huldigen. Der erste Sohn Maria
Theresias, der spätere Kaiser
Joseph II., wird geboren.

1742   Karl Albrecht wird in Frankfurt am Main als Kaiser gewählt und gekrönt (Karl VII.).
Österreich tritt im Präliminarfrieden von Breslau (11.
Juni) bzw. Frieden von Berlin
(28. Juli) Ober- und Nieder-
schlesien sowie die Grafschaft
Glatz an Preußen ab.

1744/1745   Zweiter Schlesischer
Krieg.

1745   Tod Kaiser Karls VII. Franz
Stephan wird zum Nachfolger
gewählt (13. September) und
gekrönt (4. Oktober; Franz I.).
25. Dezember: Im Frieden von
Dresden verzichtet Österreich
erneut auf Schlesien und
Glatz.

1747   Der zweite Sohn, der spätere
Kaiser Leopold II., wird geboren.

1748   Der Friede von Aachen beendet den Österreichischen Erbfolgekrieg. Die Pragmatische
Sanktion wird anerkannt, die
Friedensschlüsse von Breslau
und Dresden werden bestä-
tigt.

1749   Im Zuge der Verwaltungsreform in Österreich wird am
2. Mai das *Directorium in
publicis et cameralibus* als

oberste Zentralbehörde geschaffen.

1753 Wenzel Anton Graf von Kaunitz tritt an die Spitze der Staatskanzlei und damit der österreichischen Außenpolitik.

1756 *Renversement des alliances*: Österreichisch-französisches Bündnis am 1. Mai im Vertrag von Versailles. 29. August: Mit dem Einmarsch Friedrichs II. in Sachsen beginnt der Siebenjährige Krieg. Ausbruch des englisch-französischen Kolonialkriegs. Maximilian Franz, später Kurfürst von Köln, als sechzehntes und letztes Kind Maria Theresias geboren.

1756–1763 Siebenjähriger Krieg.

1760 Beginn der Kaunitzschen Staatsreform.

1762 Russland scheidet nach dem Tod der Zarin Elisabeth aus der antipreußischen Koalition aus (Peter III./Katharina II.).

1763 10. Februar: Der Pariser Frieden beendet den Krieg zwischen Frankreich-Spanien und England-Portugal. 15. Februar: Der Friede von Hubertusburg beendet den Siebenjährigen

Krieg. Schlesien bleibt in preußischem Besitz.

1764 Erzherzog Joseph wird in Frankfurt am Main zum Römischen König gewählt. Russland erzwingt nach dem Tod König Augusts III. von Polen die Wahl Stanislaus Poniatowskis zu seinem Nachfolger.

1765 18. August: Kaiser Franz I. Stephan stirbt in Innsbruck. Joseph II. wird sein Nachfolger im Reich; in den habsburgischen Ländern wird er Mitregent seiner Mutter.

1770 Marie Antoinette, 1755 als fünfzehntes Kind geborene Tochter Maria Theresias, heiratet den französischen Dauphin, Ludwigs XV. Enkel und Thronfolger (nachmaligen König Ludwig XVI.).

1772 Erste Polnische Teilung.

1774 Allgemeine Schulordnung.

1776 Abschaffung der Folter.

1778/1779 Bayerischer Erbfolgekrieg, beendet im Frieden von Teschen (Innviertel an Österreich).

1780 29. November: Tod Maria Theresias.

Literaturhinweise

Literatur zu Maria Theresias Leben und Wirken

Arneth, Alfred von: Geschichte Maria Theresias, 10 Bde., Wien 1863–1879, ND Osnabrück 1971

Berglar, Peter: Maria Theresia. Mit Selbstzeugnissen und Bilddokumenten, Reinbek 1993

Dickson, Peter George Muir: Finance and Government Under Maria Theresia 1740–1788. 1. Society and government. 2. Finance and credit, Oxford 1987

Feigl, Helmuth (Hg.): Die Auswirkungen der Theresianisch-josephinischen Reformen auf die Landwirtschaft und die ländliche Sozialstruktur Österreichs, Wien 1982

Großegger, Elisabeth: Theater, Feste, Feiern und ihr Publikum zur Zeit Maria Theresias 1742–1776. Nach den Tagebucheintragungen des Fürsten Johann Joseph Khevenhüller-Metsch, Obersthofmeister der Kaiserin Maria Theresia, in: Maske und Kothurn 31 (1985), S. 149–172

Großegger, Elisabeth (Hg.): Theater, Feste und Feiern zur Zeit Maria Theresias 1742–1776. Nach den Tagebucheintragungen des Fürsten Johann Joseph Khevenhüller-Metsch, Obersthofmeister der Kaiserin. Eine Dokumentation von Elisabeth Großegger, Wien 1987

Guglia, Eugen: Maria Theresia. Ihr Leben und ihre Regierung, 2 Bde., München-Berlin 1917

Günzel, Klaus: Der König und die Kaiserin. Friedrich II. und Maria Theresia. Düsseldorf 2005

Hackl, Bernhard: Die Theresianische Dominikal- und Rustikalfassion in Niederösterreich 1748–1756. Ein fiskalischer Reformprozeß im Spannungsfeld zwischen Landständen und Zentralstaat, Frankfurt am Main 1997

Haussherr, Hans: Verwaltungseinheit und Ressorttrennung. Vom Ende des 17. bis zum Beginn des 19. Jahrhunderts, Berlin 1953

Herre, Franz: Maria Theresia. Die große Habsburgerin, München 1995

Hersche, Peter: War Maria Theresia eine Jansenistin?, in: Österreich in Geschichte und Literatur 15 (1971), S. 14–25

Koschatzky, Walter (Hg.): Maria Theresia und ihre Zeit, Salzburg-Wien 1980

Kovács, Elisabeth: Die ideale Erzherzogin. Maria Theresias Forderungen an ihre Töchter, in: Mitteilungen des Instituts für österreichische Geschichtsforschung 94 (1986), S. 49–80

Maria Theresia und ihre Zeit. Zur Wiederkehr des Todestages. Ausstellung Schloss Schönbrunn, Katalog, Salzburg-Wien 1980

Mraz, Gerda (Hg.): Maria Theresia als Königin von Ungarn, Eisenstadt 1984

Mraz, Gerda/Mraz, Gottfried: Maria Theresia. Ihr Leben und ihre Zeit in Bildern und Dokumenten, München 1979

Mraz, Gerda/Schlag, Gerald (Red.): Maria Theresia als Königin von Ungarn, Ausstellung Schloss Halbturn 1980, Katalog, Eisenstadt [1980]

Obersteiner, Gernot Peter: Theresianische Verwaltungsreformen im Herzogtum Steiermark. Die Repräsentation und Kammer (1749–1763) als neue Landesbehörde des aufgeklärten Absolutismus, Graz 1993

Otruba, Gustav: Die Wirtschaftspolitik Maria Theresias, Wien 1963

Plaschka, Richard Georg/Klingenstein, Grete u. a. (Hg.): Österreich im Europa der Aufklärung. Kontinuität und Zäsur in Europa zur Zeit Maria Theresias und Josephs II., 2 Bde., Wien 1985

Stöckelle, Angela: Taufzeremoniell und politische Patenschaften am Kaiserhof, in: Mitteilungen des Instituts für österreichische Geschichtsforschung 90 (1982), S. 271–337

Tapié, Victor-Lucien: Maria Theresia. Die Kaiserin und ihr Reich, Graz-Wien-Köln 1989, ³1996

Walter, Friedrich (Hg.): Maria Theresia. Briefe und Aktenstücke in Auswahl, Darmstadt 1968

Zedinger, Renate: Hochzeit im Brennpunkt der Mächte. Franz Stephan von Lothringen und Erzherzogin Maria Theresia, Wien-Köln-Weimar 1994

Zöllner, Erich (Hg.): Österreich im Zeitalter des aufgeklärten Absolutismus, Wien 1983

Weitere Literatur

Allmayer-Beck, Joh. Christoph/Lessing, Erich: Das Heer unter dem Doppeladler. Habsburgs Armeen 1718–1848, München 1981

Barth-Scalmani, Gunda/Mazohl-Wallnig, Brigitte/Wangermann, Ernst (Hg.): Genie und Alltag. Bürgerliche Stadtkultur zur Mozartzeit, Salzburg-Wien 1994

Benedikt, Michael (Hg.)/Baum, Wilhelm/Knoll, Reinhold (Mithg.): Verdrängter Humanismus – verzögerte Aufklärung: Österreichische Philosophie zur Zeit der Revolution und Restauration (1750–1820), Wien 1992

Bradler-Rottmann, Elisabeth: Die Reformen Kaiser Josephs II., Göppingen 1976

Csáky, Moritz/Lanzer, Andrea (Hg.): Etatisation et bureaucratie. Staatswerdung und Bürokratie. Symposion der Österreichischen Gesellschaft zur Erforschung des 18. Jahrhunderts, Wien 1990

Csendes, Peter: Geschichte Wiens, Wien 1990

Demel, Walter: Vom aufgeklärten Reformstaat zum bürokratischen Staatsabsolutismus, München 1993

Duchhardt, Heinz: Balance of Power und Pentarchie. Internationale Beziehungen 1700–

1785, Paderborn u. a. 1997 (Handbuch der Geschichte der Internationalen Beziehungen, Bd. 4)

Ehalt, Hubert: Ausdrucksformen absolutistischer Herrschaft. Der Wiener Hof im 17. und 18. Jahrhundert, Wien 1980

Engelbrecht, Helmut: Geschichte des österreichischen Bildungswesens. Erziehung und Unterricht auf dem Boden Österreichs, Bd. 3: Von der frühen Aufklärung bis zum Vormärz, Wien 1984

Fiedler, Siegfried: Kriegswesen und Kriegführung im Zeitalter der Kabinettskriege, Koblenz 1986

Fitschen, Klaus: Der Katholizismus von 1648 bis 1780, Leipzig 1997

Hajós, Géza: Schönbrunn, Wien-Hamburg 1976

Hellbling, Ernst C.: Österreichische Verfassungs- und Verwaltungsgeschichte, Wien-New York 1974

Hersche, Peter: Der Spätjansenismus in Österreich, Wien 1977

Knofler, Monika Josephine: Das theresianische Wien. Der Alltag in den Bildern Canalettos, Wien-Köln-Graz 1979

Kovács, Elisabeth: Kirchliches Zeremoniell am Wiener Hof des 18. Jahrhunderts im Wandel von Mentalität und Gesellschaft, in: Mitteilungen des österreichischen Staatsarchivs 32 (1979), S. 109–142

Mittenzwei, Ingrid: Zwischen Gestern und Morgen. Wiens frühe Bourgeoisie an der Wende vom 18. zum 19. Jahrhundert, Wien-Köln-Weimar 1998

Müller, Rainer A.: Der Fürstenhof in der Frühen Neuzeit, München 1995

Pangels, Charlotte: Die Kinder Maria Theresias. Leben und Schicksal in kaiserlichem Glanz, München 1980

Schmid, Alois: Franz I. Stephan von Habsburg-Lothringen (1745–1765), der unbekannte Kaiser, Regensburg 1991

Schreiber, Georg: Franz I. Stephan. An der Seite einer großen Frau, Graz-Wien-Köln 1986

Sommer–Mathis, Andrea: Tu felix Austria nube. Hochzeitsfeste der Habsburger im 18. Jahrhundert, Wien 1994

Szabo, Franz A. J.: Kaunitz and Enlightened Absolutism 1753–1780, Cambridge 1994

Tanzer, Gerhard: Spectacle müssen seyn. Die Freizeit der Wiener im 18. Jahrhundert, Wien-Köln-Weimar 1992

Vocelka, Karl/Heller, Lynne: Die Lebenswelt der Habsburger. Kultur- und Mentalitätsgeschichte einer Familie, Graz-Köln 1997

Vocelka, Karl/Heller, Lynne: Die private Welt der Habsburger. Leben und Alltag einer Familie, Graz-Köln 1998

Wagner, Guy: Bruder Mozart. Freimaurer im Wien des 18. Jahrhunderts, Wien-München-Berlin 1996

Walter, Friedrich: Männer um Maria Theresia, Wien 1951

Wandruszka, Adam: Das Haus Habsburg. Geschichte einer europäischen Dynastie, Wien-Freiburg-Basel 1997

Register

Bildnachweis

dtv portrait

Herausgegeben von Martin Sulzer-Reichel
Originalausgaben

**Biographien bedeutender Frauen und Männer aus
Geschichte, Literatur, Philosophie, Kunst und Musik**